書き込み式 ドイツ語 動詞活用ドリル

書くことが "語学の基本"

著 櫻井 麻美

白水社

装丁デザイン　　株式会社エディポック＋株式会社ELENA Lab.
本文レイアウト　　株式会社エディポック

はじめに

　ドイツ語の勉強を始めると、何よりもまず、動詞の現在形の変化を最初に学びます。そして、名詞、代名詞の変化、前置詞、時制などへと学習を進めていきますが、動詞について学ぶべき新しい項目がいくつも登場することに気づいた方も多いのではないでしょうか。ドイツ語の動詞には変化形がたくさん存在します。勉強を進めていくと、いつしか変化形が身につきますが、その種類の多さから混乱することも少なくありません。この本は、そんな混乱を避けるために、また、万が一混乱してしまった場合にはそれを解消するために考えられた、動詞のためのドリルです。初級レベル(独検4〜5級、ヨーロッパ言語共通参照枠［CEFR］A1〜A2程度)の動詞から136個を選び、それぞれの動詞についてすべての変化形を1ページで確認できるようにしました。136すべての変化表に記入し終えたら、あなた独自の参考書の完成です。これからの学習であやふやな点が出てきたら、この本を開いて再確認しましょう。繰り返し確認することで、自分なりに変化のパターンに気づくことができ、新しい動詞の変化を覚える際にきっと役に立つでしょう。
　皆さんの個性があふれるドリルにしてみましょう。

2015年春

著　者

Index [動詞一覧]

書き込み見本 ——— 10

lernen

▶ 基本動詞 ——— 12

ändern	entschuldigen	holen
antworten	entwickeln	hören
arbeiten	erklären	interessieren
bedeuten	erzählen	kaufen
beginnen	essen	kennen
bekommen	fahren	kochen
benutzen	fallen	kommen
bestellen	finden	kosten
besuchen	fliegen	küssen
bezahlen	fragen	lachen
bitten	freuen	lassen
bleiben	frühstücken	laufen
brauchen	fühlen	leben
brechen	geben	legen
brennen	gefallen	lesen
bringen	gehen	lieben
danken	gehören	liegen
denken	glauben	machen
drücken	haben	nehmen
empfehlen	halten	öffnen
	hängen〔自動詞〕	parken
	hängen〔他動詞〕	rauchen
	heißen	rechnen
	helfen	reden

regnen	studieren	▶ 分離動詞 —— 126
reisen	suchen	abfahren
rufen	tanzen	anfangen
sagen	telefonieren	ankommen
scheinen	tragen	anrufen
schenken	treffen	anziehen
schicken	trinken	aufstehen
schlafen	tun	aussteigen
schlagen	übersetzen	ausziehen
schließen	vergessen	einladen
schmecken	verkaufen	einsteigen
schneiden	verstehen	fernsehen
schreiben	warten	stattfinden
schwimmen	waschen	teilnehmen
sehen	weinen	vorstellen
sein	werden	zuhören
setzen	werfen	zumachen
singen	wissen	
sitzen	wohnen	▶ 話法の助動詞 —— 142
spielen	wünschen	dürfen
sprechen	zahlen	können
stehen	zeigen	mögen
stellen	ziehen	müssen
		sollen
		wollen

```
はじめに ——————————— 03
動詞のカタチいろいろ ————— 06
解 答 ————————————— 148
```

動詞のカタチいろいろ

　ドイツ語には、名詞、代名詞、動詞、形容詞などのように形が変わる語、前置詞、副詞、接続詞などのように形が変わらない語があります。なかでも動詞は、語形変化によって主語の人称や数だけでなく、法、時制、態も表すことができ、これを「活用」と呼びます。ただし、すべての活用で形が異なるわけではなく、同じ語尾を使う場合があったり、完了形のhaben/sein＋過去分詞のように、複合形を使う場合があったりします。

● 3基本形
　不定詞、過去基本形、過去分詞を動詞の3基本形と呼びます。

| 不定詞 lernen | 過去基本形 lernte | 過去分詞 gelernt |

　分詞には、過去分詞の他に現在分詞があり、不定詞の最後にdをつけて作ります（lernend）。過去分詞が完結した事柄を表すのに対し、現在分詞は、同時進行している事柄を表します。また、不定詞にはzuのついた不定詞もあり、zu lernenのように不定詞の前にzuを置きます。ただし、分離動詞の場合は、abzufahrenのように前綴りと基礎動詞の間にzuが入り、一語で書きます。

● 人称変化
　主語が1人称、2人称、3人称のいずれかに加え、単数か、複数か、2人称の場合は親称か、敬称かによって、人称語尾が決まります。現在人称変化では、seinのように完全に不規則変化する動詞もあれば、fahren、sprechen、lesenのように一部の主語で幹母音が変化する動詞、arbeiten、redenのように人称語尾の前に口調上のeを挟む動詞などがあります。また、主語が2人称親称の場合、命令形と一部の例外を除くと、人称語尾が必ずdu －st、ihr －tとなり、複数形では1人称と3人称がいつも同じ形になるのが特徴的です。また、2人称敬称には単数、複数の区別はなく、必ず3人称複数と同じ形になります。

		現在人称変化		過去人称変化	
単数	1人称	ich	lern**e**	ich	lernte
	2人称	du	lern**st**	du	lernte**st**
	3人称	er/sie/es	lern**t**	er/sie/es	lernte
複数	1人称	wir	lern**en**	wir	lernte**n**
	2人称	ihr	lern**t**	ihr	lernte**t**
	3人称	sie	lern**en**	sie	lernte**n**
敬称(単複)	2人称	Sie	lern**en**	Sie	lernte**n**

●法

　直説法、接続法、命令法の3種類があり、接続法はさらに、形の上でⅠ式、Ⅱ式に区分されます。話し手が事柄を現実のこととして表したい時に使う直説法は、動詞の用法の最も基本的な形です。一方、接続法の用法は、基本的に「間接話法」、「要求話法」、「非現実話法」の3つに分かれ、間接話法にはⅠ式とⅡ式が、要求話法にはⅠ式が、非現実話法にはⅡ式が使われます。また、日常生活では特に重要な、婉曲表現である外交話法もあり、これにはⅡ式が使われます。

　間接話法
Der Zeuge sagte, er **habe** nichts gesehen.
その目撃者は何も見なかったと言った。

　要求話法
Man **nehme** täglich zweimal eine Tablette.
一日2回一錠服用のこと。

　非現実話法
Wenn ich Zeit **hätte**, **würde** ich eine Weltreise **machen**.
時間があったら世界一周旅行をするのになあ。

　外交話法
Ich **hätte** gern fünf Brötchen, bitte.
ブレートヒェン(丸い小さな白パン)を5つください。

　命令法は、話し手の命令や要望を表す時に使います。誰に対して用いるのかによって、つまり、du、ihr、それともSieに対してなのかによって、形が異なります。

duに対して	**Sprich** bitte lauter!	もっと大きな声で話してください。
ihrに対して	**Sprecht** bitte lauter!	
Sieに対して	**Sprechen Sie** bitte lauter!	

●時制

　ドイツ語には、現在、過去、現在完了、過去完了、未来、未来完了の6つの時制があるとされています。「現在」という形式は、現在のことだけではなく、ある程度確実な未来のことも、また、過去に始まっていても、それが現在まで継続していることであれば表すことができます。さらに、英語の現在進行形にあたる事柄や、時間とは関係のない普遍的なことを表すのにも、現在形を使います。

Ich **lese** gerade einen Roman.　ちょうど小説を読んでいるところです。
Morgen **gehe** ich ins Kino.　明日、映画に行きます。
Seit einem Jahr **wohne** ich in Berlin.　1年前からベルリンに住んでいます。
Die Erde **ist** rund.　地球は丸い。

　「過去」と「現在完了」には、英語のような明確な違いはありません。過去形は過去に身を置いて事柄を描写し、より書き言葉で使われるのに対し、現在完了形は、現在の時点から過去を描写し、より話し言葉で使われます。ただし、sein、haben、werden、話法の助動詞は、話し言葉でも過去形が多く使われます。過去完了は、過去形あるいは現在完了形で表した事柄より、さらに時間的にさかのぼる出来事を表す際に使用します。

過去
Letzte Woche **war** ich in Wien.
先週、ウィーンにいました。

現在完了
Gestern **habe** ich meine Großeltern **besucht**.
昨日、祖父母を訪ねました。

過去完了
Als ich heute früh am Bahnhof **ankam**, **war** mein Zug schon **abgefahren**.
今朝駅に着いたら、乗るべき列車はすでに出た後でした。

　「未来」という形式は「推量」を含む現在や未来のこと、未来完了は「推量」を含む過去のこと、そして、未来のある時点で完了しているであろうことを表す際に使

われます。

> **未来**
> Morgen **wird** es **regnen**.　明日は雨でしょう。
>
> **未来完了**
> Darüber **wird** sich seine Mutter sicherlich **gefreut haben**.
> 彼の母親は、そのことをきっと喜んだでしょう。
>
> Bis morgen **werde** ich das Referat fertig **geschrieben haben**.
> 明日までにはこのレポートを書き上げているでしょう。

なお、現在形と過去形は、もとになる動詞自体を活用させて作りますが、その他の時制は、もとになる動詞を場合によっては変化させ、別の助動詞と組み合わせて作ります。ちなみに、接続法の時制は、「現在」、「過去」、「未来」、「未来完了」の4つです。

●態

能動態と受動態の2種類あります。能動態は、主語が動作主となって他に向かって行為を行うことを表します。一方、受動態では、主語が行為の受け手となり、日本語の「〜される」に相当します。これは特に動作受動と呼ばれます。

> **能動態**
> Mein Vater **übersetzte** diesen Roman ins Japanische.
> 父がこの小説を日本語に訳しました。
>
> **受動態**
> Dieser Roman **wurde** von meinem Vater ins Japanische **übersetzt**.
> この小説は、私の父によって日本語に訳されました。

受動態にはこの他に「状態受動」と呼ばれるものがあり、動作が行われた結果として得られた状態を表します。

> **動作受動**
> Die Bäckerei **wird** um 6 Uhr **geöffnet**.　そのパン屋は6時に開店します。
>
> **状態受動**
> Die Bäckerei **ist** bis 17 Uhr **geöffnet**.　そのパン屋は17時まで開いています。

では、次のページから実際に動詞の活用を練習してみましょう。

lernen

(辞書に載っている形 = 不定詞)

▶ Seit zwei Jahren **lerne** ich Deutsch.
私は2年前からドイツ語を勉強しています。

▶ Anna hat Klavier spielen **gelernt**.
アンナはピアノを習いました。

過去基本形	lernte	過去分詞	gelernt	
zu 不定詞	zu lernen	現在分詞	lernend	

まずは、ここから はじめよう！

	現在形	過去形	接続法 I	接続法 II
ich	lerne	lernte	lerne	lernte
du	lernst	lerntest	lernest	lerntest
er/sie/es	lernt	lernte	lerne	lernte
wir	lernen	lernten	lernen	lernten
ihr	lernt	lerntet	lernet	lerntet
sie	lernen	lernten	lernen	lernten
Sie	lernen	lernten	lernen	lernten

命令形	(du) Lern[e]!	(ihr) Lernt!	(Sie) Lernen Sie!	
現在完了	haben … gelernt	過去完了	hatte … gelernt	
未来	werden … lernen	未来完了	werden … gelernt haben	
動作受動	werden … gelernt	状態受動	sein … gelernt	
接続法 I 過去	habe … gelernt	接続法 II 過去	hätte … gelernt	

lernen

- Seit zwei Jahren **lerne** ich Deutsch.
  私は2年前からドイツ語を勉強しています。
- Anna hat Klavier spielen **gelernt**.
  アンナはピアノを習いました。

左のページを見ずに
空欄に動詞の活用形を
書き込んでください。

過去基本形		過去分詞		
zu不定詞		現在分詞		
	現在形	過去形	接続法Ⅰ	接続法Ⅱ
ich				
du				
er/sie/es				
wir				
ihr				
sie				
Sie				

命令形	(du)	(ihr)	(Sie)
現在完了		過去完了	
未来		未来完了	
動作受動		状態受動	
接続法Ⅰ過去		接続法Ⅱ過去	

ändern

▶ Nach der heftigen Diskussion hat er seine Meinung **geändert**.
激しい議論を交わした後、彼は意見を変えた。

▶ Die Lage **ändert** sich nicht, auch wenn du weinst.
泣いても状況は変わりませんよ。

過去基本形	_____	過去分詞	_____
zu不定詞	_____	現在分詞	_____

	現在形	過去形	接続法 I	接続法 II
ich	_____	_____	_____	_____
du	_____	_____	_____	_____
er/sie/es	_____	_____	_____	_____
wir	_____	_____	_____	_____
ihr	_____	_____	_____	_____
sie	_____	_____	_____	_____
Sie	_____	_____	_____	_____

命令形	(du) _____	(ihr) _____	(Sie) _____
現在完了	_____	過去完了	_____
未来	_____	未来完了	_____
動作受動	_____	状態受動	_____
接続法 I 過去	_____	接続法 II 過去	_____

antworten

解答→p.148

▶ **Antworten** Sie bitte auf meine Frage!
私の質問に答えてください。

▶ Was hast du ihr **geantwortet**?
彼女になんと答えたの？

過去基本形	_____	過去分詞	_____
zu不定詞	_____	現在分詞	_____

	現在形	過去形	接続法 I	接続法 II
ich				
du				
er/sie/es				
wir				
ihr				
sie				
Sie				

命令形	(du) _____	(ihr) _____	(Sie) _____

現在完了	_____	過去完了	_____
未来	_____	未来完了	_____
動作受動	_____	状態受動	×
接続法 I 過去	_____	接続法 II 過去	_____

arbeiten

▸ Mein Vater **arbeitet** in einer deutschen Firma.
　私の父はドイツの会社で働いています。

▸ Er **arbeitet** jetzt an einem Drehbuch.
　彼は今、台本を書いています。

過去基本形	_____	過去分詞	_____	
zu不定詞	_____	現在分詞	_____	

	現在形	過去形	接続法 I	接続法 II
ich				
du				
er/sie/es				
wir				
ihr				
sie				
Sie				

命令形	(du) _____	(ihr) _____	(Sie) _____
現在完了	_____	過去完了	_____
未来	_____	未来完了	_____
動作受動	_____	状態受動	_____
接続法 I 過去	_____	接続法 II 過去	_____

bedeuten

解答→p.148

- Was **bedeutet** dieses Verkehrszeichen?
  この交通標識はどんな意味ですか？
- Meine Kinder **bedeuten** mir alles.
  私の子供たちは、私にとってすべてです。

	過去基本形		過去分詞	
	zu不定詞		現在分詞	

	現在形	過去形	接続法Ⅰ	接続法Ⅱ
ich				
du				
er/sie/es				
wir				
ihr				
sie				
Sie				

命令形	(du)	(ihr)	(Sie)

現在完了		過去完了	
未来		未来完了	
動作受動		状態受動	×
接続法Ⅰ過去		接続法Ⅱ過去	

beginnen

▶ Gerade habe ich die Arbeit **begonnen**.
　ちょうど仕事を始めたところです。

▶ Heute ist der letzte Ferientag, morgen **beginnt** die Schule wieder.
　今日は休みの最終日で、明日から学校が再開します。

	過去基本形		過去分詞	
	zu不定詞		現在分詞	

	現在形	過去形	接続法 I	接続法 II
ich				
du				
er/sie/es				
wir				
ihr				
sie				
Sie				

命令形	(du)	(ihr)	(Sie)

現在完了		過去完了	
未来		未来完了	
動作受動		状態受動	
接続法 I 過去		接続法 II 過去	

bekommen

解答→p.149

▶ Dieses Auto habe ich von meinem Vater **bekommen**.
　この車は父からもらいました。

▶ Die Fahrkarte **bekommen** Sie am Schalter 5.
　切符は5番窓口で手に入れられます。

過去基本形		過去分詞		
zu不定詞		現在分詞		
	現在形	過去形	接続法Ⅰ	接続法Ⅱ
ich				
du				
er/sie/es				
wir				
ihr				
sie				
Sie				

命令形	(du)	(ihr)	(Sie)
現在完了		過去完了	
未来		未来完了	
動作受動	×	状態受動	×
接続法Ⅰ過去		接続法Ⅱ過去	

benutzen

解答→p.149

▶ Wie **benutzt** man diese Maschine?
  この機械はどのように使うのですか?

▶ Die Mittagspause habe ich zum Lesen **benutzt**.
  昼休みは読書にあてました。

過去基本形	_____	過去分詞	_____
zu不定詞	_____	現在分詞	_____

	現在形	過去形	接続法 I	接続法 II
ich	____	____	____	____
du	____	____	____	____
er/sie/es	____	____	____	____
wir	____	____	____	____
ihr	____	____	____	____
sie	____	____	____	____
Sie	____	____	____	____

命令形 (du) _____ (ihr) _____ (Sie) _____

現在完了	_____	過去完了	_____
未来	_____	未来完了	_____
動作受動	_____	状態受動	_____
接続法 I 過去	_____	接続法 II 過去	_____

bestellen

解答→p.149

▶ Das Buch habe ich schon bei der Buchhandlung **bestellt**.
その本はもう本屋に注文しました。

▶ **Bestellen** Sie bitte einen Tisch für vier Personen für heute Abend!
今晩のために、レストランを4名で予約してください。

過去基本形	_____	過去分詞	_____
zu 不定詞	_____	現在分詞	_____

	現在形	過去形	接続法 I	接続法 II
ich				
du				
er/sie/es				
wir				
ihr				
sie				
Sie				

命令形 (du) _____ (ihr) _____ (Sie) _____

現在完了	_____	過去完了	_____
未来	_____	未来完了	_____
動作受動	_____	状態受動	_____
接続法 I 過去	_____	接続法 II 過去	_____

besuchen

▶ Am Wochenende **besuche** ich meine Großeltern in Jena.
週末にイエーナにいる祖父母を訪ねます。

▶ In Wien habe ich eine Ausstellung **besucht**.
ウィーンでは展覧会に行きました。

	過去基本形		過去分詞	
	zu不定詞		現在分詞	

	現在形	過去形	接続法 I	接続法 II
ich				
du				
er/sie/es				
wir				
ihr				
sie				
Sie				

命令形　(du)　　　　　(ihr)　　　　　(Sie)

現在完了		過去完了	
未来		未来完了	
動作受動		状態受動	
接続法 I 過去		接続法 II 過去	

bezahlen

解答→p.150

▶ Die Getränke **bezahle** ich heute.
  飲み物は今日は私が払います。
▶ Hast du mit Kreditkarte **bezahlt**?
  クレジットカードで支払ったのですか？

	過去基本形		過去分詞	
	zu不定詞		現在分詞	

	現在形	過去形	接続法 I	接続法 II
ich				
du				
er/sie/es				
wir				
ihr				
sie				
Sie				

命令形	(du)	(ihr)	(Sie)

現在完了		過去完了	
未来		未来完了	
動作受動		状態受動	
接続法 I 過去		接続法 II 過去	

基本動詞

bitten

▶ Der alte Mann hat uns um das Geld **gebeten**.
その年輩の男性がお金をくれるよう私たちに頼んできました。

▶ Sie **bittet** ihn, pünktlich zum Treffpunkt zu kommen.
彼女は彼に、時間通りに待ち合わせ場所に来るように頼みます。

過去基本形 _____　　過去分詞 _____
zu 不定詞 _____　　現在分詞 _____

	現在形	過去形	接続法 I	接続法 II
ich				
du				
er/sie/es				
wir				
ihr				
sie				
Sie				

命令形　(du) _____　(ihr) _____　(Sie) _____

現在完了 _____　　過去完了 _____
未来 _____　　未来完了 _____
動作受動 _____　　状態受動 _____
接続法 I 過去 _____　　接続法 II 過去 _____

bleiben

解答→p.150

▶ Bei schlechtem Wetter **bleiben** wir zu Hause.
天気が悪い時は家にいます。

▶ Das Geschäft **bleibt** noch immer geschlossen.
その店は今も閉店したままです。

	過去基本形		過去分詞	
	zu不定詞		現在分詞	

	現在形	過去形	接続法 I	接続法 II
ich				
du				
er/sie/es				
wir				
ihr				
sie				
Sie				

命令形	(du)	(ihr)	(Sie)

現在完了		過去完了	
未来		未来完了	
動作受動		状態受動	×
接続法 I 過去		接続法 II 過去	

brauchen

解答→p.150

▶ Du **brauchst** zur Besprechung nicht mitzukommen.
　きみは話し合いに一緒に来る必要はないよ。

▶ Wie lange **braucht** man mit dem Zug von Köln nach Hannover?
　列車でケルンからハノーファーまでどのくらいかかりますか？

	過去基本形		過去分詞	
	zu不定詞		現在分詞	

	現在形	過去形	接続法 I	接続法 II
ich				
du				
er/sie/es				
wir				
ihr				
sie				
Sie				

命令形	(du)	(ihr)	(Sie)
現在完了		過去完了	
未来		未来完了	
動作受動		状態受動	
接続法 I 過去		接続法 II 過去	

brechen

解答→p.150

▶ Mein Sohn **bricht** sich oft den Finger.
息子はよく指を骨折します。

▶ Bei dem letzten Wettbewerb wurde der Rekord **gebrochen**.
前回の競技会で記録が破られました。

	過去基本形		過去分詞	
	zu不定詞		現在分詞	

	現在形	過去形	接続法 I	接続法 II
ich				
du				
er/sie/es				
wir				
ihr				
sie				
Sie				

命令形	(du)	(ihr)	(Sie)
現在完了		過去完了	
未来		未来完了	
動作受動		状態受動	
接続法 I 過去		接続法 II 過去	

brennen

▶ Die Kerzen haben die ganze Nacht durch **gebrannt**.
ろうそくは一晩中灯っていました。

▶ Im Winter **brennen** wir Holz im Ofen.
冬に私たちはストーブで薪をたきます。

過去基本形		過去分詞	
zu不定詞		現在分詞	

	現在形	過去形	接続法 I	接続法 II
ich				
du				
er/sie/es				
wir				
ihr				
sie				
Sie				

命令形	(du)	(ihr)	(Sie)

現在完了		過去完了	
未来		未来完了	
動作受動		状態受動	
接続法 I 過去		接続法 II 過去	

bringen

解答→p.151

▶ Die Kellnerin hat mir ein Glas Wasser **gebracht**.
ウェイトレスが私に水を1杯持ってきてくれました。

▶ Ich **bringe** dich nach Hause.
家まで送るよ。

	過去基本形		過去分詞	
	zu不定詞		現在分詞	

	現在形	過去形	接続法 I	接続法 II
ich				
du				
er/sie/es				
wir				
ihr				
sie				
Sie				

命令形	(du)	(ihr)	(Sie)

現在完了		過去完了	
未来		未来完了	
動作受動		状態受動	
接続法 I 過去		接続法 II 過去	

danken

解答→p.151

▶ Ich **danke** Ihnen herzlich für dieses Gespräch.
この話し合いがもてたことを心から感謝します。

▶ Vielen Dank für Ihre Hilfe! — Nichts zu **danken**!
お手伝いをありがとうございます。 どういたしまして!

過去基本形	_____	過去分詞	_____
zu 不定詞	_____	現在分詞	_____

	現在形	過去形	接続法 I	接続法 II
ich				
du				
er/sie/es				
wir				
ihr				
sie				
Sie				

命令形　(du) _____　(ihr) _____　(Sie) _____

現在完了	_____	過去完了	_____
未来	_____	未来完了	_____
動作受動	_____	状態受動	_____
接続法 I 過去	_____	接続法 II 過去	_____

denken

解答→p.151

▶ Es war nicht so schlimm, wie ich **dachte**.
それは思ったほどひどくありませんでした。

▶ Ich **denke** immer an ihn.
私はいつも彼のことを考えています。

	過去基本形		過去分詞	
	zu不定詞		現在分詞	

	現在形	過去形	接続法 I	接続法 II
ich				
du				
er/sie/es				
wir				
ihr				
sie				
Sie				

命令形	(du)	(ihr)	(Sie)
現在完了		過去完了	
未来		未来完了	
動作受動		状態受動	
接続法 I 過去		接続法 II 過去	

基本動詞

drücken

解答→p.151

▶ **Drücken** Sie die Klingel am Eingang!
入り口の呼び鈴を押してください。

▶ Diese neuen Schuhe **drücken** vorne.
この新しい靴は先の方がきつい。

	過去基本形	_____	過去分詞	_____
	zu不定詞	_____	現在分詞	_____

	現在形	過去形	接続法Ⅰ	接続法Ⅱ
ich				
du				
er/sie/es				
wir				
ihr				
sie				
Sie				

命令形	(du) _____	(ihr) _____	(Sie) _____
現在完了	_____	過去完了	_____
未来	_____	未来完了	_____
動作受動	_____	状態受動	_____
接続法Ⅰ過去	_____	接続法Ⅱ過去	_____

empfehlen

解答→p.152

▶ Der Arzt hat mir **empfohlen**, in Kur zu fahren.
医者は私に療養に行くよう勧めてくれました。

▶ Es **empfiehlt** sich, die Bahn zu nehmen.
電車にする方が得策です。

	過去基本形		過去分詞	
	zu 不定詞		現在分詞	

	現在形	過去形	接続法 I	接続法 II
ich				
du				
er/sie/es				
wir				
ihr				
sie				
Sie				

命令形	(du)	(ihr)	(Sie)

現在完了		過去完了	
未来		未来完了	
動作受動		状態受動	
接続法 I 過去		接続法 II 過去	

基本動詞

entschuldigen

解答→p.152

▶ Ich habe mich zutiefst für die Verspätung **entschuldigt**.
　私は心の底から遅刻したことを詫びました。

▶ **Entschuldigen** Sie bitte die Störung!
　お邪魔してすみません。

過去基本形 _____　　過去分詞 _____

zu不定詞 _____　　現在分詞 _____

	現在形	過去形	接続法Ⅰ	接続法Ⅱ
ich				
du				
er/sie/es				
wir				
ihr				
sie				
Sie				

命令形　(du) _____　(ihr) _____　(Sie) _____

現在完了 _____　　過去完了 _____

未来 _____　　未来完了 _____

動作受動 _____　　状態受動 _____

接続法Ⅰ過去 _____　　接続法Ⅱ過去 _____

entwickeln

解答→p.152

▸ Dieses Computerprogramm **entwickeln** wir in einem Team.
　このコンピュータープログラムは、私たちがチームを組んで開発しています。

▸ Unser Sohn hat sich gut **entwickelt**.
　私たちの息子は、すくすくと育ちました。

過去基本形		過去分詞		
zu不定詞		現在分詞		

	現在形	過去形	接続法 I	接続法 II
ich				
du				
er/sie/es				
wir				
ihr				
sie				
Sie				

命令形　（du）_____　（ihr）_____　（Sie）_____

現在完了		過去完了	
未来		未来完了	
動作受動		状態受動	
接続法 I 過去		接続法 II 過去	

基本動詞

erklären

解答→p.152

▶ Der Professor hat uns die Theorie genau **erklärt**.
   教授が私たちにその学説を詳しく説明してくれました。

▶ Ich **erkläre** euch, warum ich morgen nicht komme.
   きみたちに、なぜ私が明日来ないかを説明します。

過去基本形 _____　　過去分詞 _____

zu不定詞 _____　　現在分詞 _____

	現在形	過去形	接続法 I	接続法 II
ich				
du				
er/sie/es				
wir				
ihr				
sie				
Sie				

命令形　(du) _____　(ihr) _____　(Sie) _____

現在完了 _____　　過去完了 _____

未来 _____　　未来完了 _____

動作受動 _____　　状態受動 _____

接続法 I 過去 _____　　接続法 II 過去 _____

erzählen

解答→p.153

▶ Jeden Abend **erzähle** ich den Kindern ein Märchen.
　毎晩、子供たちに童話を話して聞かせます。

▶ **Erzählen** Sie mir bitte von Ihrer Arbeit!
　あなたのお仕事について話してください。

過去基本形	_____	過去分詞	_____	
zu不定詞	_____	現在分詞	_____	

	現在形	過去形	接続法 I	接続法 II
ich				
du				
er/sie/es				
wir				
ihr				
sie				
Sie				

命令形	(du) _____	(ihr) _____	(Sie) _____		
現在完了	_____	過去完了	_____		
未来	_____	未来完了	_____		
動作受動	_____	状態受動	_____		
接続法 I 過去	_____	接続法 II 過去	_____		

essen

解答→p.153

▶ Was **isst** du gern?
　何を食べるのが好き？

▶ Haben Sie schon zu Mittag **gegessen**?
　もう昼食を食べましたか？

基本動詞

過去基本形	＿＿＿＿＿	過去分詞	＿＿＿＿＿
zu不定詞	＿＿＿＿＿	現在分詞	＿＿＿＿＿

	現在形	過去形	接続法 I	接続法 II
ich				
du				
er/sie/es				
wir				
ihr				
sie				
Sie				

命令形　(du) ＿＿＿＿＿　(ihr) ＿＿＿＿＿　(Sie) ＿＿＿＿＿

現在完了	＿＿＿	過去完了	＿＿＿
未来	＿＿＿	未来完了	＿＿＿
動作受動	＿＿＿	状態受動	＿＿＿
接続法 I 過去	＿＿＿	接続法 II 過去	＿＿＿

fahren

▶ Wohin **fährst** du im Sommer?
夏にどこへ行くの?

▶ Wir **fahren** mit dem Auto nach Heidelberg.
私たちは車でハイデルベルクへ行きます。

	過去基本形		過去分詞	
	zu不定詞		現在分詞	

	現在形	過去形	接続法Ⅰ	接続法Ⅱ
ich				
du				
er/sie/es				
wir				
ihr				
sie				
Sie				

命令形	(du)	(ihr)	(Sie)

現在完了		過去完了	
未来		未来完了	
動作受動		状態受動	×
接続法Ⅰ過去		接続法Ⅱ過去	

fallen

解答→p.153

▶ Plötzlich **fällt** ein Apfel vom Baum.
突然リンゴが木から落ちる。

▶ Am 9. November 1989 ist die Berliner Mauer **gefallen**.
1989年11月9日にベルリンの壁が崩壊しました。

過去基本形	_____	過去分詞	_____
zu不定詞	_____	現在分詞	_____

	現在形	過去形	接続法 I	接続法 II
ich				
du				
er/sie/es				
wir				
ihr				
sie				
Sie				

命令形	(du) _____	(ihr) _____	(Sie) _____
現在完了	_____	過去完了 _____	
未来	_____	未来完了 _____	
動作受動	×	状態受動	×
接続法 I 過去	_____	接続法 II 過去 _____	

finden

解答→p.153

▶ Er hat den verlorenen Reisepass wieder **gefunden**.
　彼はなくしたパスポートを再び見つけました。

▶ Ich **finde** diese Handlung sehr spannend.
　このストーリーは非常にわくわくすると思います。

	過去基本形		過去分詞	
	zu不定詞		現在分詞	

	現在形	過去形	接続法Ⅰ	接続法Ⅱ
ich				
du				
er/sie/es				
wir				
ihr				
sie				
Sie				

命令形	(du)	(ihr)	(Sie)

現在完了		過去完了	
未来		未来完了	
動作受動		状態受動	
接続法Ⅰ過去		接続法Ⅱ過去	

基本動詞

fliegen

▶ Nach Frankfurt bin ich **geflogen**.
　フランクフルトへは飛行機で行きました。

▶ Die Adler **fliegen** schnell.
　ワシは飛ぶのが速い。

過去基本形	_____	過去分詞	_____
zu 不定詞	_____	現在分詞	_____

	現在形	過去形	接続法 I	接続法 II
ich				
du				
er/sie/es				
wir				
ihr				
sie				
Sie				

命令形	(du) _____	(ihr) _____	(Sie) _____

現在完了	_____	過去完了	_____
未来	_____	未来完了	_____
動作受動	_____	状態受動	_____
接続法 I 過去	_____	接続法 II 過去	_____

fragen

解答→p.154

▶ Darf ich Sie etwas **fragen**?
質問してもよろしいですか?

▶ Ich habe einen Mann nach dem Weg zum Bahnhof **gefragt**.
ある男の人に駅への道を尋ねました。

	過去基本形	_____	過去分詞	_____
	zu不定詞	_____	現在分詞	_____

	現在形	過去形	接続法Ⅰ	接続法Ⅱ
ich				
du				
er/sie/es				
wir				
ihr				
sie				
Sie				

命令形	(du) _____	(ihr) _____	(Sie) _____

現在完了	_____	過去完了	_____
未来	_____	未来完了	_____
動作受動	_____	状態受動	_____
接続法Ⅰ過去	_____	接続法Ⅱ過去	_____

基本動詞

freuen

解答→p.154

▶ Die Kinder **freuen** sich schon auf die langen Ferien.
  子供たちは早くも長い学校の休みを楽しみにしています。

▶ Diese Nachricht hat uns sehr **gefreut**.
  この知らせを聞いて私たちはとても嬉しく思いました。

過去基本形 _____   過去分詞 _____

zu不定詞 _____   現在分詞 _____

	現在形	過去形	接続法 I	接続法 II
ich				
du				
er/sie/es				
wir				
ihr				
sie				
Sie				

命令形 (du) _____ (ihr) _____ (Sie) _____

現在完了 _____   過去完了 _____

未来 _____   未来完了 _____

動作受動 _____×_____   状態受動 _____×_____

接続法 I 過去 _____   接続法 II 過去 _____

frühstücken

▸ Hast du schon **gefrühstückt**?
もう朝ご飯を食べた？

▸ Jeden Tag **frühstücke** ich Eier.
毎日、朝食に卵を食べます。

	過去基本形		過去分詞	
	zu不定詞		現在分詞	

	現在形	過去形	接続法 I	接続法 II
ich				
du				
er/sie/es				
wir				
ihr				
sie				
Sie				

命令形	(du)	(ihr)	(Sie)

現在完了		過去完了	
未来		未来完了	
動作受動		状態受動	
接続法 I 過去		接続法 II 過去	

fühlen

解答→p.154

▸ Der Arzt hat ihr den Puls **gefühlt**.
　医者は彼女の脈を診ました。

▸ Ich **fühle** mich erkältet.
　風邪をひいたみたいです。

基本動詞

過去基本形 ＿＿＿＿＿＿＿　　　　過去分詞 ＿＿＿＿＿＿＿

zu不定詞 ＿＿＿＿＿＿＿　　　　現在分詞 ＿＿＿＿＿＿＿

	現在形	過去形	接続法Ⅰ	接続法Ⅱ
ich				
du				
er/sie/es				
wir				
ihr				
sie				
Sie				

命令形　(du) ＿＿＿＿　(ihr) ＿＿＿＿　(Sie) ＿＿＿＿

現在完了 ＿＿＿＿＿＿＿　　　　過去完了 ＿＿＿＿＿＿＿

未来 ＿＿＿＿＿＿＿　　　　未来完了 ＿＿＿＿＿＿＿

動作受動 ＿＿＿＿＿＿＿　　　　状態受動 ＿＿＿＿＿＿＿

接続法Ⅰ過去 ＿＿＿＿＿＿＿　　　　接続法Ⅱ過去 ＿＿＿＿＿＿＿

geben

解答→p.154

▶ Mein Bruder hat mir sein Wörterbuch **gegeben**.
  兄が私に自分の辞書をくれました。

▶ Was **gibt** es heute zu Mittag?
  今日の昼食は何ですか？

過去基本形		過去分詞	
zu 不定詞		現在分詞	

	現在形	過去形	接続法 I	接続法 II
ich				
du				
er/sie/es				
wir				
ihr				
sie				
Sie				

命令形	(du)	(ihr)	(Sie)
現在完了		過去完了	
未来		未来完了	
動作受動		状態受動	
接続法 I 過去		接続法 II 過去	

gefallen

解答→p.155

▶ Diese blaue Jacke **gefällt** mir am besten.
この青いジャケットが一番気に入っています。

▶ **Gefällt** es Ihnen in Deutschland?
ドイツは気に入りましたか？

	過去基本形		過去分詞	
	zu不定詞		現在分詞	

	現在形	過去形	接続法 I	接続法 II
ich				
du				
er/sie/es				
wir				
ihr				
sie				
Sie				

命令形	(du)	(ihr)	(Sie)

現在完了		過去完了	
未来		未来完了	
動作受動	×	状態受動	×
接続法 I 過去		接続法 II 過去	

gehen

解答→p.155

▶ Zur Schule bin ich immer zu Fuß **gegangen**.
学校へはいつも歩いて行っていました。

▶ **Geht** es Ihnen gut?
お元気でいらっしゃいますか？

	過去基本形		過去分詞	
	zu不定詞		現在分詞	

	現在形	過去形	接続法Ⅰ	接続法Ⅱ
ich				
du				
er/sie/es				
wir				
ihr				
sie				
Sie				

命令形	(du)	(ihr)	(Sie)

	現在完了		過去完了	
	未来		未来完了	
	動作受動		状態受動	×
	接続法Ⅰ過去		接続法Ⅱ過去	

gehören

▶ Wem **gehört** die Tasche hier?
ここにあるカバンは誰のですか？

▶ Auch Österreich **gehört** wie Deutschland zur EU.
オーストリアもドイツと同様にEUの一員です。

過去基本形		過去分詞	
zu不定詞		現在分詞	

	現在形	過去形	接続法 I	接続法 II
ich				
du				
er/sie/es				
wir				
ihr				
sie				
Sie				

命令形	(du)	(ihr)	(Sie)

現在完了		過去完了	
未来		未来完了	
動作受動	×	状態受動	×
接続法 I 過去		接続法 II 過去	

glauben

解答→p.155

▸ Ich **glaube**, ihn schon mal gesehen zu haben.
　彼のことをすでに一度見かけたことがあると思います。

▸ **Glaubst** du an Gott?
　神の存在を信じている？

過去基本形	_____	過去分詞	_____	
zu不定詞	_____	現在分詞	_____	

	現在形	過去形	接続法 I	接続法 II
ich				
du				
er/sie/es				
wir				
ihr				
sie				
Sie				

命令形	(du) _____	(ihr) _____	(Sie) _____		
現在完了	_____	過去完了	_____		
未来	_____	未来完了	_____		
動作受動	_____	状態受動	×		
接続法 I 過去	_____	接続法 II 過去	_____		

基本動詞

haben

解答→p.155

▶ **Hast** du Hunger?
お腹すいてる?

▶ Am Wochenende **hatte** ich viel zu tun.
週末はすることがたくさんありました。

基本動詞

過去基本形	_____	過去分詞	_____
zu不定詞	_____	現在分詞	_____

	現在形	過去形	接続法 I	接続法 II
ich				
du				
er/sie/es				
wir				
ihr				
sie				
Sie				

命令形	(du) _____		(ihr) _____		(Sie) _____
現在完了	_____		過去完了	_____	
未来	_____		未来完了	_____	
動作受動	×		状態受動	×	
接続法 I 過去	_____		接続法 II 過去	_____	

halten

解答→p.155

▶ Dieser Zug **hält** nicht auf allen Bahnhöfen.
　この列車はすべての駅には停車しません。

▶ Sie hat ihr Versprochen **gehalten**.
　彼女は約束を守りました。

過去基本形	_____	過去分詞	_____	
zu 不定詞	_____	現在分詞	_____	

	現在形	過去形	接続法 I	接続法 II
ich	_____	_____	_____	_____
du	_____	_____	_____	_____
er/sie/es	_____	_____	_____	_____
wir	_____	_____	_____	_____
ihr	_____	_____	_____	_____
sie	_____	_____	_____	_____
Sie	_____	_____	_____	_____

命令形	(du) _____	(ihr) _____	(Sie) _____		
現在完了	_____	過去完了	_____		
未来	_____	未来完了	_____		
動作受動	_____	状態受動	_____		
接続法 I 過去	_____	接続法 II 過去	_____		

hängen [自動詞]

解答→p.156

- Mein Mantel **hängt** am Kleiderständer.
  私のコートは洋服掛けに掛かっています。
- Hier **hing** einst das berühmteste Bild der Welt.
  ここにはかつて、世界で最も有名な絵が掛かっていました。

過去基本形	_____	過去分詞	_____
zu不定詞	_____	現在分詞	_____

	現在形	過去形	接続法 I	接続法 II
ich				
du				
er/sie/es				
wir				
ihr				
sie				
Sie				

命令形	(du) _____	(ihr) _____	(Sie) _____

現在完了	_____	過去完了	_____
未来	_____	未来完了	_____
動作受動	×	状態受動	×
接続法 I 過去	_____	接続法 II 過去	_____

hängen [他動詞]

解答→p.156

- Meinen Mantel habe ich an den Kleiderständer **gehängt**.
  私は自分のコートを洋服掛けに掛けました。
- Nicht wenige Leute **hängen** sich ans Geld.
  お金に執着する人は少なくない。

	過去基本形		過去分詞	
	zu不定詞		現在分詞	

	現在形	過去形	接続法Ⅰ	接続法Ⅱ
ich				
du				
er/sie/es				
wir				
ihr				
sie				
Sie				

命令形	(du)	(ihr)	(Sie)
現在完了		過去完了	
未来		未来完了	
動作受動		状態受動	
接続法Ⅰ過去		接続法Ⅱ過去	

基本動詞

heißen

▶ Wie **heißt** du?
名前は何というの？

▶ Ich **heiße** Alex Müllinger.
私はアレックス・ミュリンガーといいます。

過去基本形	_____	過去分詞	_____
zu 不定詞	_____	現在分詞	_____

	現在形	過去形	接続法 I	接続法 II
ich				
du				
er/sie/es				
wir				
ihr				
sie				
Sie				

命令形　　(du) _____　　(ihr) _____　　(Sie) _____

現在完了	_____	過去完了	_____
未来	_____	未来完了	_____
動作受動	_____	状態受動	_____
接続法 I 過去	_____	接続法 II 過去	_____

helfen

解答→p.156

▶ Kannst du mir bitte **helfen**?
手伝ってもらえる?

▶ Mein Vater **hilft** oft meiner Schwester bei den Hausaufgaben.
父はよく私の妹の宿題を手伝います。

過去基本形 _____   過去分詞 _____
zu不定詞 _____   現在分詞 _____

	現在形	過去形	接続法 I	接続法 II
ich				
du				
er/sie/es				
wir				
ihr				
sie				
Sie				

命令形　(du) _____　(ihr) _____　(Sie) _____
現在完了 _____   過去完了 _____
未来 _____   未来完了 _____
動作受動 _____   状態受動 _____
接続法 I 過去 _____   接続法 II 過去 _____

holen

解答→p.156

▶ Jeden Morgen **hole** ich Brot von der Bäckerei.
  毎朝、パン屋に行ってパンを買ってきます。

▶ **Holen** Sie bitte den Arzt!
  医者を呼んできてください！

過去基本形	_____	過去分詞	_____
zu不定詞	_____	現在分詞	_____

	現在形	過去形	接続法 I	接続法 II
ich	_____	_____	_____	_____
du	_____	_____	_____	_____
er/sie/es	_____	_____	_____	_____
wir	_____	_____	_____	_____
ihr	_____	_____	_____	_____
sie	_____	_____	_____	_____
Sie	_____	_____	_____	_____

命令形	(du) _____	(ihr) _____	(Sie) _____
現在完了	_____	過去完了	_____
未来	_____	未来完了	_____
動作受動	_____	状態受動	_____
接続法 I 過去	_____	接続法 II 過去	_____

hören

解答→p.157

▶ Ich **höre** oft meine Nachbarin laut singen.
よく隣の家の人が大きな声で歌っているのが聞こえます。

▶ Von dem Unfall haben wir schon **gehört**.
私たちはその事故のことはすでに聞いて知っています。

	過去基本形		過去分詞	
	zu不定詞		現在分詞	

	現在形	過去形	接続法Ⅰ	接続法Ⅱ
ich				
du				
er/sie/es				
wir				
ihr				
sie				
Sie				

命令形	(du)	(ihr)	(Sie)
現在完了		過去完了	
未来		未来完了	
動作受動		状態受動	×
接続法Ⅰ過去		接続法Ⅱ過去	

interessieren

解答→p.157

▶ Wofür **interessieren** Sie sich am meisten?
　何に一番興味がありますか？

▶ Dieses Thema **interessiert** mich sehr.
　このテーマにとても関心があります。

過去基本形	_____	過去分詞	_____
zu不定詞	_____	現在分詞	_____

	現在形	過去形	接続法 I	接続法 II
ich				
du				
er/sie/es				
wir				
ihr				
sie				
Sie				

命令形	(du) _____	(ihr) _____	(Sie) _____
現在完了	_____	過去完了	_____
未来	_____	未来完了	_____
動作受動	_____	状態受動	×
接続法 I 過去	_____	接続法 II 過去	_____

kaufen

解答→p.157

- Diesen Computer habe ich für 830 Euro **gekauft**.
  このコンピューターは830ユーロで買いました。
- Heutzutage **kauft** man meistens im Supermarkt.
  今日、人々はたいていスーパーマーケットで買い物をします。

	過去基本形		過去分詞	
	zu不定詞		現在分詞	

	現在形	過去形	接続法 I	接続法 II
ich				
du				
er/sie/es				
wir				
ihr				
sie				
Sie				

命令形	(du)	(ihr)	(Sie)

現在完了		過去完了	
未来		未来完了	
動作受動		状態受動	
接続法 I 過去		接続法 II 過去	

kennen

▶ Ich **kenne** hier ein gutes Restaurant.
　私はこの辺で良いレストランを知っています。

▶ **Kennt** ihr euch schon lange?
　きみたちは知り合ってもう長いの？

過去基本形		過去分詞	
zu不定詞		現在分詞	

	現在形	過去形	接続法 I	接続法 II
ich				
du				
er/sie/es				
wir				
ihr				
sie				
Sie				

命令形	(du)	(ihr)	(Sie)
現在完了		過去完了	
未来		未来完了	
動作受動		状態受動	
接続法 I 過去		接続法 II 過去	

kochen

解答→p.157

▸ Am Wochenende habe ich mit meinem Mann zusammen **gekocht**.
週末、夫と一緒に料理をしました。

▸ Die Kartoffeln **kocht** man ungefähr eine Viertelstunde.
じゃがいもは約15分ゆでます。

	過去基本形		過去分詞	
	zu 不定詞		現在分詞	

	現在形	過去形	接続法 I	接続法 II
ich				
du				
er/sie/es				
wir				
ihr				
sie				
Sie				

命令形　（du）　　　　　（ihr）　　　　　（Sie）

現在完了		過去完了		
未来		未来完了		
動作受動		状態受動		
接続法 I 過去		接続法 II 過去		

kommen

解答→p.158

▶ Woher **kommen** Sie? — Ich **komme** aus Leipzig.
　出身はどちらですか？　　　ライプツィヒ出身です。

▶ Gestern ist mein Sohn sehr spät nach Hause **gekommen**.
　昨日、息子はとても遅くに帰宅しました。

過去基本形　＿＿＿＿＿＿＿　　過去分詞　＿＿＿＿＿＿＿

zu 不定詞　＿＿＿＿＿＿＿　　現在分詞　＿＿＿＿＿＿＿

	現在形	過去形	接続法 I	接続法 II
ich				
du				
er/sie/es				
wir				
ihr				
sie				
Sie				

命令形　(du) ＿＿＿＿＿　(ihr) ＿＿＿＿＿　(Sie) ＿＿＿＿＿

現在完了　＿＿＿＿＿＿　過去完了　＿＿＿＿＿＿

未来　＿＿＿＿＿＿　未来完了　＿＿＿＿＿＿

動作受動　＿＿×＿＿　状態受動　＿＿×＿＿

接続法 I 過去　＿＿＿＿＿＿　接続法 II 過去　＿＿＿＿＿＿

kosten

解答→p.158

▶ Wie viel **kostet** dieses Wörterbuch?
 この辞書はいくらですか？

▶ Ich möchte den neuen Wein **kosten**.
 新酒のワインを試飲してみたいです。

過去基本形		過去分詞
zu 不定詞		現在分詞

	現在形	過去形	接続法 I	接続法 II
ich				
du				
er/sie/es				
wir				
ihr				
sie				
Sie				

命令形	(du)	(ihr)	(Sie)

現在完了		過去完了	
未来		未来完了	
動作受動		状態受動	×
接続法 I 過去		接続法 II 過去	

基本動詞

küssen

- Mein Sohn **küsst** mich auf die Wange.
  息子が私の頬にキスをします。
- Der Herr hat ihr die Hand **geküsst.**
  その紳士は彼女の手にキスをしました。

過去基本形 _____　　過去分詞 _____
zu不定詞 _____　　現在分詞 _____

	現在形	過去形	接続法 I	接続法 II
ich				
du				
er/sie/es				
wir				
ihr				
sie				
Sie				

命令形　(du) _____　(ihr) _____　(Sie) _____

現在完了 _____　　過去完了 _____
未来 _____　　未来完了 _____
動作受動 _____　　状態受動 _____　×
接続法 I 過去 _____　　接続法 II 過去 _____

lachen

解答→p.158

▶ Die Kinder haben laut **gelacht**.
子供たちは大声で笑いました。

▶ Man soll über die anderen nicht **lachen**.
他人のことを馬鹿にして笑うべきではありません。

	過去基本形		過去分詞	
	zu不定詞		現在分詞	

	現在形	過去形	接続法Ⅰ	接続法Ⅱ
ich				
du				
er/sie/es				
wir				
ihr				
sie				
Sie				

命令形	(du)	(ihr)	(Sie)

現在完了		過去完了	
未来		未来完了	
動作受動		状態受動	×
接続法Ⅰ過去		接続法Ⅱ過去	

lassen

解答→p.158

▶ Er **lässt** mich nie in Ruhe.
  彼はいつも私の邪魔をする。

▶ Mein Vater hat sich jede Woche die Haare schneiden **lassen**.
  父は毎週髪を切ってもらっていました。

過去基本形		過去分詞		
zu不定詞		現在分詞		

	現在形	過去形	接続法Ⅰ	接続法Ⅱ
ich				
du				
er/sie/es				
wir				
ihr				
sie				
Sie				

命令形　(du)　　　　(ihr)　　　　(Sie)

現在完了		過去完了		
未来		未来完了		
動作受動		状態受動		
接続法Ⅰ過去		接続法Ⅱ過去		

laufen

解答→p.159

▶ Der Junge ist schnell wie der Wind **gelaufen**.
その少年は目にもとまらぬ速さで走りました。

▶ Der Film **läuft** schon.
その映画は上映中です。

過去基本形	_____	過去分詞	_____
zu不定詞	_____	現在分詞	_____

	現在形	過去形	接続法 I	接続法 II
ich				
du				
er/sie/es				
wir				
ihr				
sie				
Sie				

命令形　(du) _____　(ihr) _____　(Sie) _____

現在完了　_____　過去完了　_____

未来　_____　未来完了　_____

動作受動　_____　状態受動　_____

接続法 I 過去　_____　接続法 II 過去　_____

leben

解答→p.159

▸ Der Künstler Gustav Klimt **lebte** im 19. und 20. Jahrhundert.
  芸術家グスタフ・クリムトは、19世紀と20世紀に生きた人です。

▸ Meine Eltern **leben** von der Rente.
  両親は年金で生活しています。

	過去基本形		過去分詞	
	zu不定詞		現在分詞	

	現在形	過去形	接続法 I	接続法 II
ich				
du				
er/sie/es				
wir				
ihr				
sie				
Sie				

命令形　（du）　　　　　（ihr）　　　　　（Sie）

現在完了		過去完了	
未来		未来完了	
動作受動		状態受動	
接続法 I 過去		接続法 II 過去	

legen

解答→p.159

▶ Ich **lege** das Kind ins Bett.
私は子供を寝かしつけます。

▶ Im Sommer hat er sich oft in die Sonne **gelegt**.
夏に彼はよく日光浴をしました。

	過去基本形		過去分詞	
	zu不定詞		現在分詞	

	現在形	過去形	接続法Ⅰ	接続法Ⅱ
ich				
du				
er/sie/es				
wir				
ihr				
sie				
Sie				

命令形	(du)	(ihr)	(Sie)

現在完了		過去完了	
未来		未来完了	
動作受動		状態受動	
接続法Ⅰ過去		接続法Ⅱ過去	

lesen

解答→p.159

▶ Als Kind habe ich gern Krimis **gelesen**.
子供の頃、推理小説を読むのが好きでした。

▶ Am Wochenende **liest** mein Vater den ganzen Tag.
週末、父は一日中読書をしています。

過去基本形	_____	過去分詞	_____	
zu不定詞	_____	現在分詞	_____	

	現在形	過去形	接続法Ⅰ	接続法Ⅱ
ich				
du				
er/sie/es				
wir				
ihr				
sie				
Sie				

命令形	(du) _____	(ihr) _____	(Sie) _____
現在完了	_____	過去完了	_____
未来	_____	未来完了	_____
動作受動	_____	状態受動	_____
接続法Ⅰ過去	_____	接続法Ⅱ過去	_____

lieben

解答→p.159

▶ Meine Eltern **lieben** sich immer noch.
　私の両親は今もまだ愛し合っています。

▶ Die Schauspielerin **liebt** es, Mittelpunkt zu sein.
　その女優は自分が中心になりたがります。

	過去基本形		過去分詞	
	zu不定詞		現在分詞	

	現在形	過去形	接続法Ⅰ	接続法Ⅱ
ich				
du				
er/sie/es				
wir				
ihr				
sie				
Sie				

命令形　（du）　　　　　（ihr）　　　　　（Sie）

現在完了　　　　　　　　過去完了

未来　　　　　　　　　　未来完了

動作受動　　　　　　　　状態受動

接続法Ⅰ過去　　　　　　接続法Ⅱ過去

liegen

解答→p.159

▶ Gestern hat er den ganzen Tag krank im Bett **gelegen**.
昨日、彼は一日中、病気で横になっていました。

▶ Die Universität **liegt** auf einem Hügel.
その大学は丘の上にあります。

	過去基本形		過去分詞	
	zu不定詞		現在分詞	

	現在形	過去形	接続法 I	接続法 II
ich				
du				
er/sie/es				
wir				
ihr				
sie				
Sie				

命令形	(du)	(ihr)	(Sie)

	現在完了		過去完了	
	未来		未来完了	
	動作受動	×	状態受動	×
	接続法 I 過去		接続法 II 過去	

machen

解答→p.160

▶ **Machst** du mir bitte eine Tasse Tee?
　私にお茶を1杯いれてくれる?

▶ Letzte Woche haben ich und mein Bruder eine Reise nach Rom **gemacht**.
　先週、私と弟はローマへ旅行をしました。

	過去基本形		過去分詞	
	zu不定詞		現在分詞	

	現在形	過去形	接続法 I	接続法 II
ich				
du				
er/sie/es				
wir				
ihr				
sie				
Sie				

命令形	(du)	(ihr)	(Sie)

現在完了		過去完了	
未来		未来完了	
動作受動		状態受動	
接続法 I 過去		接続法 II 過去	

nehmen

解答→p.160

▶ Sie **nahm** ihre Jacke und ging.
彼女はジャケットを取り、出て行きました。

▶ Wir **nehmen** bis zum Flughafen den Bus.
空港までバスで行きます。

	過去基本形	_____	過去分詞	_____
	zu 不定詞	_____	現在分詞	_____

	現在形	過去形	接続法 I	接続法 II
ich				
du				
er/sie/es				
wir				
ihr				
sie				
Sie				

命令形	(du) _____	(ihr) _____	(Sie) _____

現在完了	_____	過去完了	_____
未来	_____	未来完了	_____
動作受動	_____	状態受動	_____
接続法 I 過去	_____	接続法 II 過去	_____

öffnen

解答→p.160

▶ Könnten Sie bitte die Fenster **öffnen**?
窓を開けていただけますか？

▶ Dieser Supermarkt ist heute leider nicht **geöffnet**.
このスーパーマーケットは今日は残念ながら開いていません。

	現在形	過去形	接続法 I	接続法 II
過去基本形		過去分詞		
zu不定詞		現在分詞		
ich				
du				
er/sie/es				
wir				
ihr				
sie				
Sie				

命令形	(du)	(ihr)	(Sie)
現在完了		過去完了	
未来		未来完了	
動作受動		状態受動	
接続法 I 過去		接続法 II 過去	

基本動詞

parken

解答→p.160

▸ Unser Lehrer **parkt** sein Auto immer direkt vor dem Schulgebäude.
私たちの先生は車をいつも校舎の目の前に駐めます。

▸ Wo haben Sie **geparkt**?
どこに車を駐めましたか？

過去基本形 _____　　過去分詞 _____

zu 不定詞 _____　　現在分詞 _____

	現在形	過去形	接続法 I	接続法 II
ich				
du				
er/sie/es				
wir				
ihr				
sie				
Sie				

命令形　(du) _____　(ihr) _____　(Sie) _____

現在完了 _____　　過去完了 _____

未来 _____　　未来完了 _____

動作受動 _____　　状態受動 _____

接続法 I 過去 _____　　接続法 II 過去 _____

rauchen

▶ In diesem Kaffeehaus wird nicht **geraucht**.
このカフェではタバコを吸えません。

▶ Er **raucht** immer noch täglich ein Päckchen Zigaretten.
彼はいまだに毎日タバコを1箱吸います。

	過去基本形		過去分詞	
	zu不定詞		現在分詞	

	現在形	過去形	接続法Ⅰ	接続法Ⅱ
ich				
du				
er/sie/es				
wir				
ihr				
sie				
Sie				

命令形	(du)	(ihr)	(Sie)
現在完了		過去完了	
未来		未来完了	
動作受動		状態受動	
接続法Ⅰ過去		接続法Ⅱ過去	

rechnen

解答→p.161

▶ Im Kopf zu **rechnen** ist nicht immer einfach.
暗算はいつも簡単というわけではありません。

▶ Mein Sohn hat eine schwierige Matheaufgabe allein **gerechnet**.
息子は難しい算数の問題を一人で解きました。

過去基本形	_____	過去分詞	_____
zu 不定詞	_____	現在分詞	_____

	現在形	過去形	接続法 I	接続法 II
ich				
du				
er/sie/es				
wir				
ihr				
sie				
Sie				

命令形　(du) _____　(ihr) _____　(Sie) _____

現在完了 _____　　過去完了 _____

未来 _____　　未来完了 _____

動作受動 _____　　状態受動 _____

接続法 I 過去 _____　　接続法 II 過去 _____

reden

解答→p.161

▶ Da sie leise **geredet** hat, habe ich sie kaum verstanden.
彼女が小声でしゃべったので、ほとんど聞き取れませんでした。

▶ Warum **redest** du kein Wort?
なぜ一言も話さないの？

	過去基本形		過去分詞	
	zu 不定詞		現在分詞	

	現在形	過去形	接続法Ⅰ	接続法Ⅱ
ich				
du				
er/sie/es				
wir				
ihr				
sie				
Sie				

命令形	(du)	(ihr)	(Sie)

現在完了		過去完了	
未来		未来完了	
動作受動		状態受動	
接続法Ⅰ過去		接続法Ⅱ過去	

regnen

解答→p.161

▶ In Japan **regnet** es im Juni sehr viel.
　日本では6月に非常にたくさん雨が降ります。

▶ Gestern hat es stark **geregnet**.
　昨日は雨が強く降っていました。

	過去基本形		過去分詞	
	zu不定詞		現在分詞	

	現在形	過去形	接続法 I	接続法 II
ich	×	×	×	×
du	×	×	×	×
er/sie/es				
wir	×	×	×	×
ihr	×	×	×	×
sie				
Sie	×	×	×	×

命令形	(du) ×	(ihr) ×	(Sie) ×

	現在完了		過去完了	
	未来		未来完了	
	動作受動	×	状態受動	×
	接続法 I 過去		接続法 II 過去	

reisen

解答→p.161

▶ **Reist** du gern allein?
一人旅は好き?

▶ Mein Großvater ist mit dem Schiff durch die Welt **gereist**.
私の祖父は船で世界中を旅しました。

	過去基本形		過去分詞	
	zu不定詞		現在分詞	

	現在形	過去形	接続法 I	接続法 II
ich				
du				
er/sie/es				
wir				
ihr				
sie				
Sie				

命令形	(du)	(ihr)	(Sie)

現在完了		過去完了	
未来		未来完了	
動作受動		状態受動	×
接続法 I 過去		接続法 II 過去	

rufen

解答→p.161

▶ Da **rief** sie „Hilfe!"
そこで彼女は「助けて！」と叫びました。

▶ **Rufen** Sie bitte ein Taxi!
タクシーを呼んでください。

過去基本形 _____ 過去分詞 _____
zu不定詞 _____ 現在分詞 _____

	現在形	過去形	接続法 I	接続法 II
ich				
du				
er/sie/es				
wir				
ihr				
sie				
Sie				

命令形 (du) _____ (ihr) _____ (Sie) _____

現在完了 _____ 過去完了 _____
未来 _____ 未来完了 _____
動作受動 _____ 状態受動 _____
接続法 I 過去 _____ 接続法 II 過去 _____

sagen

解答→p.161

▶ Der Zeuge **sagte**, er habe den Täter nicht gesehen.
目撃者は、犯人を見なかったと言っていました。

▶ Wie **sagt** man das auf Deutsch?
これはドイツ語でどう言いますか?

	過去基本形		過去分詞	
	zu 不定詞		現在分詞	

	現在形	過去形	接続法 I	接続法 II
ich				
du				
er/sie/es				
wir				
ihr				
sie				
Sie				

命令形	(du)	(ihr)	(Sie)

現在完了		過去完了	
未来		未来完了	
動作受動		状態受動	
接続法 I 過去		接続法 II 過去	

scheinen

解答→p.162

▶ Die Sonne **scheint** durchs Fenster ins Zimmer.
日光が窓越しに部屋に射しこんでいます。

▶ Sie **schien** sehr glücklich zu sein.
彼女はとても幸せそうでした。

過去基本形 _____ 過去分詞 _____

zu不定詞 _____ 現在分詞 _____

	現在形	過去形	接続法 I	接続法 II
ich				
du				
er/sie/es				
wir				
ihr				
sie				
Sie				

命令形 (du) _____ (ihr) _____ (Sie) _____

現在完了 _____ 過去完了 _____

未来 _____ 未来完了 _____

動作受動 × 状態受動 ×

接続法 I 過去 _____ 接続法 II 過去 _____

schenken

▶ Was **schenkst** du deiner Großmutter zum Geburtstag?
おばあさんの誕生日に何をプレゼントするの？

▶ Diese Tasche habe ich von meiner Schwester **geschenkt** bekommen.
このバッグは姉にプレゼントされました。

過去基本形 _____　　　過去分詞 _____
zu 不定詞 _____　　　現在分詞 _____

	現在形	過去形	接続法 I	接続法 II
ich				
du				
er/sie/es				
wir				
ihr				
sie				
Sie				

命令形　　(du) _____　　(ihr) _____　　(Sie) _____
現在完了 _____　　　過去完了 _____
未来 _____　　　未来完了 _____
動作受動 _____　　　状態受動 _____
接続法 I 過去 _____　　　接続法 II 過去 _____

schicken

解答→p.162

▶ Das Geschenk wurde per Post nach Japan **geschickt**.
そのプレゼントは郵便で日本へ送られました。

▶ Ich **schicke** meinen Sohn immer um 9 Uhr ins Bett.
私は息子をいつも9時に寝かせます。

過去基本形 _____　　過去分詞 _____
zu不定詞 _____　　現在分詞 _____

	現在形	過去形	接続法Ⅰ	接続法Ⅱ
ich				
du				
er/sie/es				
wir				
ihr				
sie				
Sie				

命令形　(du) _____　(ihr) _____　(Sie) _____

現在完了 _____　　過去完了 _____
未来 _____　　未来完了 _____
動作受動 _____　　状態受動 _____
接続法Ⅰ過去 _____　　接続法Ⅱ過去 _____

schlafen

解答→p.162

▶ Wie lange **schläfst** du normalerweise?
普段どのくらい寝ますか？

▶ Gestern habe ich bei einem Bekannten **geschlafen**.
昨日は知り合いの家に泊まりました。

過去基本形		過去分詞		
zu不定詞		現在分詞		
	現在形	過去形	接続法 I	接続法 II
ich				
du				
er/sie/es				
wir				
ihr				
sie				
Sie				

命令形	(du)	(ihr)	(Sie)
現在完了		過去完了	
未来		未来完了	
動作受動		状態受動	×
接続法 I 過去		接続法 II 過去	

基本動詞

schlagen

▶ Er **schlägt** einen Nagel in die Wand.
　彼はくぎを壁に打ち込みます。

▶ Die Uhr hat gerade zwölf **geschlagen**.
　ちょうど時計が12時を告げました。

過去基本形	_____	過去分詞	_____
zu不定詞	_____	現在分詞	_____

	現在形	過去形	接続法 I	接続法 II
ich	____	____	____	____
du	____	____	____	____
er/sie/es	____	____	____	____
wir	____	____	____	____
ihr	____	____	____	____
sie	____	____	____	____
Sie	____	____	____	____

命令形	(du) _____	(ihr) _____	(Sie) _____
現在完了	_____	過去完了	_____
未来	_____	未来完了	_____
動作受動	_____	状態受動	_____
接続法 I 過去	_____	接続法 II 過去	_____

schließen

▶ Die Universitätsbibliothek **schließt** um 21 Uhr.
　大学図書館は21時に閉まります。

▶ Sonntags sind die meisten Geschäfte in Deutschland **geschlossen**.
　日曜日には、ドイツではたいていのお店が閉まっています。

過去基本形	_____	過去分詞	_____
zu不定詞	_____	現在分詞	_____

	現在形	過去形	接続法 I	接続法 II
ich				
du				
er/sie/es				
wir				
ihr				
sie				
Sie				

命令形	(du) _____	(ihr) _____	(Sie) _____
現在完了	_____	過去完了	_____
未来	_____	未来完了	_____
動作受動	_____	状態受動	_____
接続法 I 過去	_____	接続法 II 過去	_____

schmecken

▶ Dieser Weißwein **schmeckt** nach Aprikose.
この白ワインはアンズの味がします。

▶ Hat es Ihnen **geschmeckt**?
お口に合いましたか？

過去基本形		過去分詞	
zu不定詞		現在分詞	

	現在形	過去形	接続法 I	接続法 II
ich				
du				
er/sie/es				
wir				
ihr				
sie				
Sie				

命令形	(du)	(ihr)	(Sie)

現在完了		過去完了	
未来		未来完了	
動作受動		状態受動	×
接続法 I 過去		接続法 II 過去	

schneiden

- Ich habe Brot in Scheiben **geschnitten**.
  私はパンを薄切りにしました。
- Dieses Messer **schneidet** gut.
  このナイフはよく切れます。

過去基本形	_____	過去分詞	_____
zu不定詞	_____	現在分詞	_____

	現在形	過去形	接続法 I	接続法 II
ich				
du				
er/sie/es				
wir				
ihr				
sie				
Sie				

命令形	(du) _____	(ihr) _____	(Sie) _____

現在完了	_____	過去完了	_____
未来	_____	未来完了	_____
動作受動	_____	状態受動	_____
接続法 I 過去	_____	接続法 II 過去	_____

schreiben

解答→p.163

▶ Sie **schreibt** schön.
　彼女はきれいな字を書きます。

▶ Das Referat habe ich gestern **geschrieben.**
　そのレポートは昨日書きました。

過去基本形	_____	過去分詞	_____
zu不定詞	_____	現在分詞	_____

	現在形	過去形	接続法 I	接続法 II
ich				
du				
er/sie/es				
wir				
ihr				
sie				
Sie				

命令形　（du）_____　　（ihr）_____　　（Sie）_____

現在完了	_____	過去完了	_____
未来	_____	未来完了	_____
動作受動	_____	状態受動	_____
接続法 I 過去	_____	接続法 II 過去	_____

schwimmen

解答→p.164

▶ Als Kind habe ich oft im Fluss **geschwommen**.
子供の頃、よく川で泳ぎました。

▶ Kannst du ans andere Ufer **schwimmen**?
向こう岸まで泳いで渡れる?

過去基本形	_____	過去分詞	_____	
zu不定詞	_____	現在分詞	_____	

	現在形	過去形	接続法Ⅰ	接続法Ⅱ
ich	_____	_____	_____	_____
du	_____	_____	_____	_____
er/sie/es	_____	_____	_____	_____
wir	_____	_____	_____	_____
ihr	_____	_____	_____	_____
sie	_____	_____	_____	_____
Sie	_____	_____	_____	_____

命令形	(du) _____	(ihr) _____	(Sie) _____	
現在完了	_____	過去完了	_____	
未来	_____	未来完了	_____	
動作受動	_____	状態受動	_____	
接続法Ⅰ過去	_____	接続法Ⅱ過去	_____	

基本動詞

sehen

解答→p.164

▶ **Siehst** du dort die Kirche mit einem Turm?
あそこに、塔のある教会が見える?

▶ Von meinem Zimmer aus **sehe** ich die Kinder schwimmen.
私の部屋から、子供たちが泳いでいるのが見えます。

過去基本形	_____	過去分詞	_____
zu不定詞	_____	現在分詞	_____

	現在形	過去形	接続法 I	接続法 II
ich				
du				
er/sie/es				
wir				
ihr				
sie				
Sie				

命令形	(du) _____	(ihr) _____	(Sie) _____
現在完了	_____	過去完了	_____
未来	_____	未来完了	_____
動作受動	_____	状態受動	_____
接続法 I 過去	_____	接続法 II 過去	_____

基本動詞

sein

解答→p.164

▶ Was **bist** du von Beruf?
　仕事は何？

▶ Vor Zeiten **waren** es ein König und eine Königin.
　昔むかし、王様とお妃様がいました。

過去基本形	_____	過去分詞	_____	
zu 不定詞	_____	現在分詞	_____	

	現在形	過去形	接続法 I	接続法 II
ich	_____	_____	_____	_____
du	_____	_____	_____	_____
er/sie/es	_____	_____	_____	_____
wir	_____	_____	_____	_____
ihr	_____	_____	_____	_____
sie	_____	_____	_____	_____
Sie	_____	_____	_____	_____

命令形	(du) _____	(ihr) _____	(Sie) _____		
現在完了	_____	過去完了	_____		
未来	_____	未来完了	_____		
動作受動	×	状態受動	×		
接続法 I 過去	_____	接続法 II 過去	_____		

基本動詞

setzen

解答→p.164

▶ **Setz** dich auf den Stuhl!
  椅子に座りなさい！

▶ Er hat die Teller auf den Tisch **gesetzt**.
  彼は皿をテーブルに並べました。

過去基本形 _____   過去分詞 _____

zu不定詞 _____   現在分詞 _____

	現在形	過去形	接続法Ⅰ	接続法Ⅱ
ich				
du				
er/sie/es				
wir				
ihr				
sie				
Sie				

命令形 (du) _____ (ihr) _____ (Sie) _____

現在完了 _____   過去完了 _____

未来 _____   未来完了 _____

動作受動 _____   状態受動 _____

接続法Ⅰ過去 _____ 接続法Ⅱ過去 _____

singen

解答→p.164

▶ Zu Weihnachten haben wir zusammen Weihnachtslieder **gesungen**.
クリスマスにみんなでクリスマスの歌を歌いました。

▶ Wer **singt** am besten in der Klasse?
クラスで誰が一番歌が上手ですか？

	過去基本形		過去分詞	
	zu不定詞		現在分詞	

	現在形	過去形	接続法 I	接続法 II
ich				
du				
er/sie/es				
wir				
ihr				
sie				
Sie				

命令形	(du)	(ihr)	(Sie)
現在完了		過去完了	
未来		未来完了	
動作受動		状態受動	
接続法 I 過去		接続法 II 過去	

sitzen

- Mein Vater **sitzt** am Schreibtisch und arbeitet.
  父は机に向かって仕事をしています。
- Am Nachmittag habe ich lange in der Sonne **gesessen**.
  午後、長いこと日なたぼっこをしていました。

過去基本形		過去分詞		
zu不定詞		現在分詞		

	現在形	過去形	接続法 I	接続法 II
ich				
du				
er/sie/es				
wir				
ihr				
sie				
Sie				

命令形	(du)	(ihr)	(Sie)

現在完了		過去完了	
未来		未来完了	
動作受動		状態受動	×
接続法 I 過去		接続法 II 過去	

spielen

解答→p.165

▶ **Spielen** Sie oft mit Ihren Kindern?
よくお子さんたちと遊びますか？

▶ Als Kind hat er gut Fußball **gespielt**.
彼は子供の頃、サッカーが上手でした。

過去基本形	_____	過去分詞	_____	
zu 不定詞	_____	現在分詞	_____	

	現在形	過去形	接続法 I	接続法 II
ich				
du				
er/sie/es				
wir				
ihr				
sie				
Sie				

命令形	(du) ____	(ihr) ____	(Sie) ____
現在完了	____	過去完了	____
未来	____	未来完了	____
動作受動	____	状態受動	____
接続法 I 過去	____	接続法 II 過去	____

基本動詞

sprechen

▶ **Spricht** er gut Japanisch?
　彼は上手に日本語を話しますか？

▶ Worüber habt ihr gerade **gesprochen**?
　あなたたちは今何について話をしていたの？

基本動詞

過去基本形	_____	過去分詞	_____
zu不定詞	_____	現在分詞	_____

	現在形	過去形	接続法 I	接続法 II
ich	_____	_____	_____	_____
du	_____	_____	_____	_____
er/sie/es	_____	_____	_____	_____
wir	_____	_____	_____	_____
ihr	_____	_____	_____	_____
sie	_____	_____	_____	_____
Sie	_____	_____	_____	_____

命令形	(du) _____	(ihr) _____	(Sie) _____
現在完了	_____	過去完了	_____
未来	_____	未来完了	_____
動作受動	_____	状態受動	_____
接続法 I 過去	_____	接続法 II 過去	_____

stehen

解答→p.165

- Früher **stand** in der Mitte der Stadt ein großer Baum.
  以前、街の真ん中に大きな木が1本立っていました。
- Die neue Frisur **steht** dir sehr gut.
  その新しいヘアスタイルはきみにとても似合っているよ。

過去基本形 _____　　過去分詞 _____

zu不定詞 _____　　現在分詞 _____

	現在形	過去形	接続法 I	接続法 II
ich				
du				
er/sie/es				
wir				
ihr				
sie				
Sie				

命令形　(du) _____　(ihr) _____　(Sie) _____

現在完了 _____　　過去完了 _____

未来 _____　　未来完了 _____

動作受動 _____　　状態受動 _____　　×

接続法 I 過去 _____　　接続法 II 過去 _____

stellen

▶ **Stell** bitte die Gläser auf den Tisch!
　グラスをテーブルに並べてください。

▶ Ich habe schon den Wein kalt **gestellt**.
　もうワインを冷やしておきました。

過去基本形	_____	過去分詞	_____
zu不定詞	_____	現在分詞	_____

	現在形	過去形	接続法 I	接続法 II
ich				
du				
er/sie/es				
wir				
ihr				
sie				
Sie				

命令形	(du) _____	(ihr) _____	(Sie) _____
現在完了	_____	過去完了	_____
未来	_____	未来完了	_____
動作受動	_____	状態受動	_____
接続法 I 過去	_____	接続法 II 過去	_____

studieren

解答→p.166

▶ Anna **studiert** in Dresden.
アンナはドレスデンの大学で学んでいます。

▶ Was haben Sie **studiert**?
何を大学で専攻されましたか？

過去基本形	_____	過去分詞	_____	
zu 不定詞	_____	現在分詞	_____	

	現在形	過去形	接続法 I	接続法 II
ich				
du				
er/sie/es				
wir				
ihr				
sie				
Sie				

命令形	(du) _____	(ihr) _____	(Sie) _____
現在完了	_____	過去完了	_____
未来	_____	未来完了	_____
動作受動	_____	状態受動	_____ ×
接続法 I 過去	_____	接続法 II 過去	_____

基本動詞

suchen

解答→p.166

- Im März **suchen** in Japan viele Leute eine neue Wohnung.
  3月に日本では多くの人が新しい住まいを探します。
- Die Polizei hat lange nach dem Täter **gesucht**.
  警察は長い間犯人を捜査しました。

過去基本形 _____ 過去分詞 _____

zu不定詞 _____ 現在分詞 _____

	現在形	過去形	接続法 I	接続法 II
ich				
du				
er/sie/es				
wir				
ihr				
sie				
Sie				

命令形 (du) _____ (ihr) _____ (Sie) _____

現在完了 _____ 過去完了 _____

未来 _____ 未来完了 _____

動作受動 _____ 状態受動 _____

接続法 I 過去 _____ 接続法 II 過去 _____

tanzen

解答→p.166

▶ **Tanzt** du gern?
　ダンスをするのは好き？

▶ In Wien wird noch oft Walzer **getanzt**.
　ウィーンではまだよくワルツが踊られます。

	過去基本形		過去分詞	
	zu 不定詞		現在分詞	

	現在形	過去形	接続法 I	接続法 II
ich				
du				
er/sie/es				
wir				
ihr				
sie				
Sie				

命令形	(du)	(ihr)	(Sie)

現在完了		過去完了	
未来		未来完了	
動作受動		状態受動	
接続法 I 過去		接続法 II 過去	

基本動詞

telefonieren

▶ Meine Tochter **telefoniert** jeden Tag mit ihrem Freund.
　娘は毎日ボーイフレンドと電話します。

▶ Ich muss dringend nach Tokio **telefonieren**.
　大至急、東京に電話をしなければなりません。

過去基本形		過去分詞		
zu不定詞		現在分詞		
	現在形	過去形	接続法 I	接続法 II
ich				
du				
er/sie/es				
wir				
ihr				
sie				
Sie				

命令形　（du）　　　　　　（ihr）　　　　　　（Sie）

現在完了		過去完了	
未来		未来完了	
動作受動		状態受動	×
接続法 I 過去		接続法 II 過去	

解答→p.166

tragen

▶ Kennst du den Mann dort, der eine rote Brille **trägt**?
赤い眼鏡をかけているあそこの男性を知っていますか？
▶ Das Kind wurde auf dem Arm seines Vaters **getragen**.
その子供は、父親の腕に抱かれて連れて行かれました。

過去基本形		過去分詞	
zu 不定詞		現在分詞	

	現在形	過去形	接続法 I	接続法 II
ich				
du				
er/sie/es				
wir				
ihr				
sie				
Sie				

命令形	(du)	(ihr)	(Sie)

現在完了		過去完了	
未来		未来完了	
動作受動		状態受動	
接続法 I 過去		接続法 II 過去	

treffen

解答→p.167

▶ Auf dem Weg nach Hause habe ich einen alten Bekannten **getroffen**.
家に帰る途中で昔の知り合いに会いました。

▶ Er **trifft** immer ins Tor.
彼はいつもシュートを決める。

	過去基本形		過去分詞	
	zu不定詞		現在分詞	

	現在形	過去形	接続法 I	接続法 II
ich				
du				
er/sie/es				
wir				
ihr				
sie				
Sie				

命令形	(du)	(ihr)	(Sie)

現在完了		過去完了	
未来		未来完了	
動作受動		状態受動	
接続法 I 過去		接続法 II 過去	

trinken

解答→p.167

▶ Nach dem Essen **trinke** ich immer eine Tasse Kaffee.
  食後にいつもコーヒーを1杯飲みます。
▶ Gestern haben wir bis spät in die Nacht **getrunken**.
  昨日、私たちは夜遅くまで飲みました。

	過去基本形	_____	過去分詞	_____
	zu 不定詞	_____	現在分詞	_____

	現在形	過去形	接続法 I	接続法 II
ich				
du				
er/sie/es				
wir				
ihr				
sie				
Sie				

命令形	(du) _____	(ihr) _____	(Sie) _____

現在完了	_____	過去完了	_____
未来	_____	未来完了	_____
動作受動	_____	状態受動	_____
接続法 I 過去	_____	接続法 II 過去	_____

基本動詞

tun

▶ **Tu** deine Pflicht!
自分の義務を果たしなさい。

▶ Am Wochenende habe ich viel zu **tun**.
週末、私はやることがたくさんあります。

	過去基本形		過去分詞	
	zu 不定詞		現在分詞	

	現在形	過去形	接続法 I	接続法 II
ich				
du				
er/sie/es				
wir				
ihr				
sie				
Sie				

命令形	(du)	(ihr)	(Sie)

現在完了		過去完了	
未来		未来完了	
動作受動		状態受動	
接続法 I 過去		接続法 II 過去	

übersetzen

▶ Dieser Roman wurde in vier Sprachen **übersetzt**.
この小説は4カ国語に翻訳されました。

▶ Diesen Krimi habe ich aus dem Japanischen ins Deutsche **übersetzt**.
この推理小説は、私が日本語からドイツ語に翻訳しました。

	過去基本形		過去分詞	
	zu不定詞		現在分詞	

	現在形	過去形	接続法 I	接続法 II
ich				
du				
er/sie/es				
wir				
ihr				
sie				
Sie				

命令形	(du)	(ihr)	(Sie)

現在完了		過去完了	
未来		未来完了	
動作受動		状態受動	
接続法 I 過去		接続法 II 過去	

vergessen

▶ Die Tage mit euch werde ich nie **vergessen**.
　きみたちと過ごした日々を私は決して忘れないでしょう。

▶ **Vergiss** nicht, Hausaufgaben zu machen!
　宿題をするのを忘れないで！

過去基本形		過去分詞	
zu不定詞		現在分詞	

	現在形	過去形	接続法 I	接続法 II
ich				
du				
er/sie/es				
wir				
ihr				
sie				
Sie				

命令形	(du)	(ihr)	(Sie)

現在完了		過去完了	
未来		未来完了	
動作受動		状態受動	
接続法 I 過去		接続法 II 過去	

verkaufen

解答→p.168

▶ Er **verkauft** sein altes Auto für 5.600 Euro an einen alten Herrn.
  彼は自分の古い車を5,600ユーロで年輩の男性に売ります。

▶ Dieses Buch **verkauft** sich gut.
  この本は売れ行きがよい。

過去基本形	_____	過去分詞	_____	
zu 不定詞	_____	現在分詞	_____	

	現在形	過去形	接続法 I	接続法 II
ich	_____	_____	_____	_____
du	_____	_____	_____	_____
er/sie/es	_____	_____	_____	_____
wir	_____	_____	_____	_____
ihr	_____	_____	_____	_____
sie	_____	_____	_____	_____
Sie	_____	_____	_____	_____

命令形	(du) _____	(ihr) _____	(Sie) _____		
現在完了	_____	過去完了	_____		
未来	_____	未来完了	_____		
動作受動	_____	状態受動	_____		
接続法 I 過去	_____	接続法 II 過去	_____		

verstehen

解答→p.168

▶ **Verstehen** Sie mich gut?
　私の声がよく聞き取れますか？

▶ Diesen Text habe ich nicht ganz **verstanden**.
　このテキストは完全には分かりませんでした。

基本動詞

| 過去基本形 | _____ | 過去分詞 | _____ |
| zu不定詞 | _____ | 現在分詞 | _____ |

	現在形	過去形	接続法Ⅰ	接続法Ⅱ
ich	_____	_____	_____	_____
du	_____	_____	_____	_____
er/sie/es	_____	_____	_____	_____
wir	_____	_____	_____	_____
ihr	_____	_____	_____	_____
sie	_____	_____	_____	_____
Sie	_____	_____	_____	_____

命令形	(du) _____	(ihr) _____	(Sie) _____
現在完了	_____	過去完了	_____
未来	_____	未来完了	_____
動作受動	_____	状態受動	_____
接続法Ⅰ過去	_____	接続法Ⅱ過去	_____

warten

▶ Wegen der Verspätung habe ich drei Stunden auf den nächsten Zug **gewartet**.
遅延のため、3時間、次の電車を待ちました。

▶ Ich **warte** seit gestern auf seine Antwort.
昨日から、彼の返事を待っています。

過去基本形		過去分詞	
zu不定詞		現在分詞	

	現在形	過去形	接続法 I	接続法 II
ich				
du				
er/sie/es				
wir				
ihr				
sie				
Sie				

命令形	(du)	(ihr)	(Sie)

現在完了		過去完了	
未来		未来完了	
動作受動		状態受動	
接続法 I 過去		接続法 II 過去	

waschen

▶ **Wasch** dir vor dem Essen die Hände!
食事の前に手を洗いなさい！

▶ Die Seidenbluse habe ich mit der Hand **gewaschen**.
このシルクのブラウスは手で洗いました。

過去基本形	_____	過去分詞	_____
zu不定詞	_____	現在分詞	_____

	現在形	過去形	接続法 I	接続法 II
ich				
du				
er/sie/es				
wir				
ihr				
sie				
Sie				

命令形　（du）_____　（ihr）_____　（Sie）_____

現在完了	_____	過去完了	_____
未来	_____	未来完了	_____
動作受動	_____	状態受動	_____
接続法 I 過去	_____	接続法 II 過去	_____

weinen

解答→p.169

▶ Die Babys **weinen**, wenn sie Hunger haben.
  赤ちゃんはお腹が空いていると泣きます。
▶ Als sie das Ergebnis hörte, **weinte** sie vor Freude.
  彼女は結果を聞くと、喜びのあまり泣いた。

過去基本形		過去分詞		
zu 不定詞		現在分詞		

	現在形	過去形	接続法 I	接続法 II
ich				
du				
er/sie/es				
wir				
ihr				
sie				
Sie				

命令形	(du)	(ihr)	(Sie)

現在完了		過去完了	
未来		未来完了	
動作受動		状態受動	
接続法 I 過去		接続法 II 過去	

基本動詞

werden

▶ Plötzlich ist es kalt **geworden**.
  突然、寒くなりました。

▶ Was **wirst** du im Sommer machen?
  夏に何をするの?

	過去基本形		過去分詞	
	zu不定詞		現在分詞	

	現在形	過去形	接続法 I	接続法 II
ich				
du				
er/sie/es				
wir				
ihr				
sie				
Sie				

命令形	(du)	(ihr)	(Sie)
現在完了		過去完了	
未来		未来完了	
動作受動	×	状態受動	×
接続法 I 過去		接続法 II 過去	

werfen

▶ Das Kind **wirft** das kostbare Buch in den Papierkorb.
その子供がその高価な本をゴミ箱に投げ入れます。

▶ Er hat einen kurzen Blick auf den Bildschirm **geworfen**.
彼はディスプレイにちらっと目をやりました。

過去基本形 _____   過去分詞 _____
zu不定詞 _____   現在分詞 _____

	現在形	過去形	接続法Ⅰ	接続法Ⅱ
ich				
du				
er/sie/es				
wir				
ihr				
sie				
Sie				

命令形　(du) _____　(ihr) _____　(Sie) _____
現在完了 _____　過去完了 _____
未来 _____　未来完了 _____
動作受動 _____　状態受動 _____
接続法Ⅰ過去 _____　接続法Ⅱ過去 _____

wissen

解答→p.169

▶ Ich **weiß** nicht, wo er jetzt wohnt.
彼が今どこに住んでいるか、私は知りません。

▶ **Wusstest** du von den Problemen deiner Klasse?
あなたのクラスが抱えている問題について知っていた？

過去基本形	_____	過去分詞	_____
zu 不定詞	_____	現在分詞	_____

	現在形	過去形	接続法 I	接続法 II
ich				
du				
er/sie/es				
wir				
ihr				
sie				
Sie				

命令形	(du) _____	(ihr) _____	(Sie) _____
現在完了	_____	過去完了	_____
未来	_____	未来完了	_____
動作受動	×	状態受動	×
接続法 I 過去	_____	接続法 II 過去	_____

wohnen

解答→p.169

▶ Meine Eltern **wohnen** nicht in der Stadt, sondern auf dem Land.
  両親は街なかではなく、田舎に住んでいます。
▶ In Genf habe ich bei einem Freund **gewohnt**.
  ジュネーブでは友達のところに泊まっていました。

過去基本形	_____	過去分詞	_____	
zu 不定詞	_____	現在分詞	_____	

	現在形	過去形	接続法 I	接続法 II
ich				
du				
er/sie/es				
wir				
ihr				
sie				
Sie				

命令形	(du) _____	(ihr) _____	(Sie) _____		
現在完了	_____	過去完了	_____		
未来	_____	未来完了	_____		
動作受動	_____	状態受動	×		
接続法 I 過去	_____	接続法 II 過去	_____		

wünschen

解答→p.170

▶ Ich **wünsche** Ihnen viel Erfolg.
あなたの大いなる成功を望んでいます。

▶ Was **wünschst** du dir zum Geburtstag?
誕生日に何がほしいの？

過去基本形 _____   過去分詞 _____
zu不定詞 _____   現在分詞 _____

	現在形	過去形	接続法 I	接続法 II
ich				
du				
er/sie/es				
wir				
ihr				
sie				
Sie				

命令形　(du) _____　(ihr) _____　(Sie) _____

現在完了 _____   過去完了 _____

未来 _____   未来完了 _____

動作受動 _____   状態受動 _____

接続法 I 過去 _____   接続法 II 過去 _____

zahlen

解答→p.170

- 400 Euro habe ich bar **gezahlt**.
  400ユーロを現金で払いました。
- Die Miete ist am 1. Tag des Monats zu **zahlen**.
  家賃は、月の最初の日に支払わなければなりません。

	過去基本形		過去分詞	
	zu不定詞		現在分詞	

	現在形	過去形	接続法 I	接続法 II
ich				
du				
er/sie/es				
wir				
ihr				
sie				
Sie				

命令形	(du)	(ihr)	(Sie)

現在完了		過去完了		
未来		未来完了		
動作受動		状態受動		
接続法 I 過去		接続法 II 過去		

zeigen

- Bitte **zeigen** Sie am Eingang Ihren Ausweis!
  入り口で身分証明書を提示してください。
- Mein Onkel hat mir seine Fabrik **gezeigt**.
  叔父が彼の工場を案内してくれました。

過去基本形	_____	過去分詞	_____
zu不定詞	_____	現在分詞	_____

	現在形	過去形	接続法 I	接続法 II
ich				
du				
er/sie/es				
wir				
ihr				
sie				
Sie				

命令形	(du) _____	(ihr) _____	(Sie) _____
現在完了	_____	過去完了	_____
未来	_____	未来完了	_____
動作受動	_____	状態受動	_____
接続法 I 過去	_____	接続法 II 過去	_____

ziehen

▶ Zwei Pferde **ziehen** die Kutsche.
2頭の馬が馬車を引いています。

▶ Meine Eltern sind aufs Land **gezogen**.
両親は田舎に引っ越しました。

	過去基本形		過去分詞	
	zu不定詞		現在分詞	

	現在形	過去形	接続法Ⅰ	接続法Ⅱ
ich				
du				
er/sie/es				
wir				
ihr				
sie				
Sie				

命令形	(du)	(ihr)	(Sie)

現在完了		過去完了	
未来		未来完了	
動作受動		状態受動	
接続法Ⅰ過去		接続法Ⅱ過去	

abfahren

解答→p.170

▶ Wann **fährt** der Zug nach Salzburg **ab**?
ザルツブルク行きの列車はいつ出ますか？

▶ Unser Bus ist schon **abgefahren**.
私たちが乗る予定だったバスはもう出発してしまいました。

過去基本形	_____	過去分詞	_____
zu不定詞	_____	現在分詞	_____

	現在形	過去形	接続法 I	接続法 II
ich				
du				
er/sie/es				
wir				
ihr				
sie				
Sie				

命令形　(du) _____　(ihr) _____　(Sie) _____

現在完了	_____	過去完了	_____
未来	_____	未来完了	_____
動作受動	_____	状態受動	_____
接続法 I 過去	_____	接続法 II 過去	_____

分離動詞

anfangen

解答→p.171

▸ Der Deutschunterricht **fängt** um 10.40 Uhr **an**.
　ドイツ語の授業は10時40分に始まります。

▸ Gerade habe ich mit der Arbeit **angefangen**.
　ちょうど仕事に取りかかったところです。

過去基本形	_____	過去分詞	_____
zu不定詞	_____	現在分詞	_____

	現在形	過去形	接続法 I	接続法 II
ich				
du				
er/sie/es				
wir				
ihr				
sie				
Sie				

命令形	(du) _____	(ihr) _____	(Sie) _____
現在完了	_____	過去完了	_____
未来	_____	未来完了	_____
動作受動	_____	状態受動	_____
接続法 I 過去	_____	接続法 II 過去	_____

分離動詞

ankommen

解答→p.171

▶ Der Zug von Berlin **kommt** um 14.37 Uhr in Hamburg **an**.
ベルリンからの列車は、14時37分にハンブルクに到着します。

▶ Es **kommt** auf deine Entscheidung **an**.
あなたの決心次第です。

過去基本形	_____	過去分詞	_____
zu不定詞	_____	現在分詞	_____

	現在形	過去形	接続法Ⅰ	接続法Ⅱ
ich				
du				
er/sie/es				
wir				
ihr				
sie				
Sie				

命令形	(du) _____	(ihr) _____	(Sie) _____

現在完了	_____	過去完了	_____
未来	_____	未来完了	_____
動作受動	_____	状態受動	×
接続法Ⅰ過去	_____	接続法Ⅱ過去	_____

分離動詞

anrufen

解答→p.171

▶ Meine Eltern **rufen** mich jede Woche **an**.
  私の両親は毎週私に電話をしてきます。
▶ Haben Sie schon bei der Bank **angerufen**?
  もう銀行に電話しましたか？

過去基本形		過去分詞	
zu 不定詞		現在分詞	

	現在形	過去形	接続法 I	接続法 II
ich				
du				
er/sie/es				
wir				
ihr				
sie				
Sie				

命令形	(du)	(ihr)	(Sie)

現在完了		過去完了	
未来		未来完了	
動作受動		状態受動	×
接続法 I 過去		接続法 II 過去	

分離動詞

anziehen

- Für die Oper heute Abend **ziehe** ich ein Kleid **an**.
  今晩オペラを見に行くために、ドレスを着ます。
- **Zieh** dich warm **an**! Es ist sehr kalt.
  暖かい格好をしなさい！　とても寒いよ。

過去基本形 _____　　過去分詞 _____

zu不定詞 _____　　現在分詞 _____

	現在形	過去形	接続法 I	接続法 II
ich				
du				
er/sie/es				
wir				
ihr				
sie				
Sie				

命令形　(du) _____　(ihr) _____　(Sie) _____

現在完了 _____　　過去完了 _____

未来 _____　　未来完了 _____

動作受動 _____　　状態受動 _____

接続法 I 過去 _____　　接続法 II 過去 _____

aufstehen

解答→p.172

▶ Ich **stehe** jeden Tag um 5 Uhr **auf**.
毎日5時に起きます。

▶ Plötzlich ist er vom Stuhl **aufgestanden**.
突然彼は椅子から立ち上がりました。

過去基本形	_____	過去分詞	_____	
zu不定詞	_____	現在分詞	_____	

	現在形	過去形	接続法 I	接続法 II
ich	_____	_____	_____	_____
du	_____	_____	_____	_____
er/sie/es	_____	_____	_____	_____
wir	_____	_____	_____	_____
ihr	_____	_____	_____	_____
sie	_____	_____	_____	_____
Sie	_____	_____	_____	_____

命令形	(du) _____	(ihr) _____	(Sie) _____		
現在完了	_____	過去完了	_____		
未来	_____	未来完了	_____		
動作受動	_____	状態受動	_____	×	
接続法 I 過去	_____	接続法 II 過去	_____		

分離動詞

aussteigen

解答→p.172

▶ **Steig** bitte aus meinem Auto **aus**!
私の車から降りて！

▶ Wir sind in Zürich **ausgestiegen**.
私たちはチューリヒで降りました。

過去基本形 _____   過去分詞 _____

zu不定詞 _____   現在分詞 _____

	現在形	過去形	接続法Ⅰ	接続法Ⅱ
ich				
du				
er/sie/es				
wir				
ihr				
sie				
Sie				

命令形　（du）_____　（ihr）_____　（Sie）_____

現在完了 _____   過去完了 _____

未来 _____   未来完了 _____

動作受動 _____   状態受動 _____　×

接続法Ⅰ過去 _____   接続法Ⅱ過去 _____

分離動詞

ausziehen

解答→p.172

▶ Bitte **ziehen** Sie hier die Schuhe **aus**!
ここで靴を脱いでください。

▶ Ich **ziehe** bald aus dieser Wohnung **aus**.
もうすぐこの住まいから引っ越します。

過去基本形	_____	過去分詞	_____	
zu 不定詞	_____	現在分詞	_____	

	現在形	過去形	接続法 I	接続法 II
ich				
du				
er/sie/es				
wir				
ihr				
sie				
Sie				

命令形	(du) _____	(ihr) _____	(Sie) _____
現在完了	_____	過去完了	_____
未来	_____	未来完了	_____
動作受動	_____	状態受動	_____
接続法 I 過去	_____	接続法 II 過去	_____

分離動詞

einladen

解答→p.172

▶ Zum Geburtstag **lade** ich meine Freunde **ein**.
  誕生日に友人を招待します。

▶ Wir sind vom Präsidenten zur Party **eingeladen**.
  私たちは大統領からパーティーに招待されました。

過去基本形	_____	過去分詞	_____	
zu不定詞	_____	現在分詞	_____	

	現在形	過去形	接続法 I	接続法 II
ich				
du				
er/sie/es				
wir				
ihr				
sie				
Sie				

命令形	(du) _____	(ihr) _____	(Sie) _____
現在完了	_____	過去完了	_____
未来	_____	未来完了	_____
動作受動	_____	状態受動	_____
接続法 I 過去	_____	接続法 II 過去	_____

einsteigen

解答→p.173

▶ Wenn man eine Fahrkarte kaufen will, **steigt** man vorne in den Bus **ein**.
乗車券を買いたい場合は、前方からバスに乗ります。
▶ Wir sind in Bern in den Zug **eingestiegen**.
私たちはベルンで列車に乗りました。

分離動詞

	過去基本形		過去分詞	
	zu不定詞		現在分詞	

	現在形	過去形	接続法 I	接続法 II
ich				
du				
er/sie/es				
wir				
ihr				
sie				
Sie				

命令形	(du)	(ihr)	(Sie)
現在完了		過去完了	
未来		未来完了	
動作受動		状態受動	×
接続法 I 過去		接続法 II 過去	

fernsehen

解答→p.173

▶ Wie lange am Tag **siehst** du **fern**?
　1日にどのくらいテレビを見るの？

▶ An diesem Wochenende habe ich gar nicht **ferngesehen**.
　この週末、私は全くテレビを見ませんでした。

	過去基本形		過去分詞	
	zu 不定詞		現在分詞	

	現在形	過去形	接続法 I	接続法 II
ich				
du				
er/sie/es				
wir				
ihr				
sie				
Sie				

命令形	(du)	(ihr)	(Sie)

現在完了		過去完了	
未来		未来完了	
動作受動		状態受動	×
接続法 I 過去		接続法 II 過去	

stattfinden

解答→p.173

▶ Die Prüfung **findet** am Donnerstag im Hörsaal 1 **statt**.
試験は木曜日に第一大教室で行われます。

▶ Gestern hat im Stadion ein großes Konzert **stattgefunden**.
昨日スタジアムで大きなコンサートが開催されました。

	現在形	過去形	接続法 I	接続法 II
過去基本形		過去分詞		
zu 不定詞		現在分詞		
ich	×	×	×	×
du	×	×	×	×
er/sie/es				
wir	×	×	×	×
ihr	×	×	×	×
sie				
Sie	×	×	×	×

命令形	(du) ×	(ihr) ×	(Sie) ×
現在完了		過去完了	
未来		未来完了	
動作受動	×	状態受動	×
接続法 I 過去		接続法 II 過去	

分離動詞

teilnehmen

解答→p.173

- In den Ferien **nehme** ich an einem Sprachkurs **teil**.
  休み中に語学講習に参加します。
- Viele Leute haben an der Versammlung **teilgenommen**.
  大勢の人が集会に参加しました。

過去基本形 _____   過去分詞 _____

zu不定詞 _____   現在分詞 _____

	現在形	過去形	接続法 I	接続法 II
ich				
du				
er/sie/es				
wir				
ihr				
sie				
Sie				

命令形　(du) _____　(ihr) _____　(Sie) _____

現在完了 _____　過去完了 _____

未来 _____　未来完了 _____

動作受動 _____　状態受動 _____　×

接続法 I 過去 _____　接続法 II 過去 _____

vorstellen

- Darf ich Ihnen meinen Mann **vorstellen**?
  夫を紹介してもよろしいでしょうか？
- Das habe ich mir ganz anders **vorgestellt**.
  それは全く違ったふうに想像していました。

	過去基本形		過去分詞	
	zu 不定詞		現在分詞	

	現在形	過去形	接続法 I	接続法 II
ich				
du				
er/sie/es				
wir				
ihr				
sie				
Sie				

命令形	(du)	(ihr)	(Sie)

現在完了		過去完了	
未来		未来完了	
動作受動		状態受動	
接続法 I 過去		接続法 II 過去	

分離動詞

zuhören

解答→p.174

▶ **Hören** Sie bitte gut **zu**!
よく聞いてください。

▶ Hast du mir **zugehört**?
私の話を聞いていた?

	過去基本形	_____	過去分詞	_____
	zu不定詞	_____	現在分詞	_____

	現在形	過去形	接続法 I	接続法 II
ich				
du				
er/sie/es				
wir				
ihr				
sie				
Sie				

命令形　(du) _____　(ihr) _____　(Sie) _____

現在完了	_____	過去完了	_____
未来	_____	未来完了	_____
動作受動	_____	状態受動	×
接続法 I 過去	_____	接続法 II 過去	_____

分離動詞

zumachen

解答→p.174

▶ **Mach** bitte das Fester **zu**!
窓を閉めてください！

▶ Die Fabrik hat **zugemacht**.
その工場は閉鎖しました。

過去基本形	_____	過去分詞	_____	
zu不定詞	_____	現在分詞	_____	

	現在形	過去形	接続法 I	接続法 II
ich	_____	_____	_____	_____
du	_____	_____	_____	_____
er/sie/es	_____	_____	_____	_____
wir	_____	_____	_____	_____
ihr	_____	_____	_____	_____
sie	_____	_____	_____	_____
Sie	_____	_____	_____	_____

命令形	(du) _____	(ihr) _____	(Sie) _____		
現在完了	_____	過去完了	_____		
未来	_____	未来完了	_____		
動作受動	_____	状態受動	_____		
接続法 I 過去	_____	接続法 II 過去	_____		

分離動詞

dürfen

解答→p.174

▶ Hier **darf** man nicht rauchen!
ここでたばこを吸ってはいけません。

▶ Du **darfst** stolz auf dich selbst sein.
君は自分自身を誇りに思っていい。

	過去基本形		過去分詞	
	zu不定詞		現在分詞	

	現在形	過去形	接続法 I	接続法 II
ich				
du				
er/sie/es				
wir				
ihr				
sie				
Sie				

命令形	(du) ×	(ihr) ×	(Sie) ×

現在完了		過去完了	
未来		未来完了	
動作受動	×	状態受動	×
接続法 I 過去		接続法 II 過去	

können

解答→p.175

▶ Er **kann** sehr gut Geige spielen.
　彼はとても上手にバイオリンが弾けます。

▶ **Könnten** Sie mir bitte sagen, wo der Bahnhof ist?
　駅がどこか教えていただけますか？

過去基本形		過去分詞		
zu 不定詞		現在分詞		
	現在形	過去形	接続法 I	接続法 II
ich				
du				
er/sie/es				
wir				
ihr				
sie				
Sie				
命令形	(du) ×	(ihr) ×	(Sie) ×	
現在完了		過去完了		
未来		未来完了		
動作受動	×	状態受動	×	
接続法 I 過去		接続法 II 過去		

話法の助動詞

mögen

解答→p.175

▶ Der Mann da **mag** ungefähr 40 Jahre alt sein.
そこの男性は40歳くらいだろう。

▶ Was **möchtest** du am Wochenende machen?
週末に何をしたい?

	過去基本形		過去分詞	
	zu不定詞		現在分詞	

	現在形	過去形	接続法 I	接続法 II
ich				
du				
er/sie/es				
wir				
ihr				
sie				
Sie				

命令形	(du) ×	(ihr) ×	(Sie) ×
現在完了		過去完了	
未来		未来完了	
動作受動		状態受動	×
接続法 I 過去		接続法 II 過去	

müssen

解答→p.175

▶ Ich **musste** zu Fuß zur Uni gehen, weil mein Fahrrad kaputt war.
自転車が壊れていたので、歩いて大学に行かなければなりませんでした。

▶ Das **muss** ein Irrtum sein.
それは何かの間違いにちがいない。

	過去基本形		過去分詞	
	zu不定詞		現在分詞	

	現在形	過去形	接続法 I	接続法 II
ich				
du				
er/sie/es				
wir				
ihr				
sie				
Sie				

命令形	(du) ×	(ihr) ×	(Sie) ×
現在完了		過去完了	
未来		未来完了	
動作受動	×	状態受動	×
接続法 I 過去		接続法 II 過去	

話法の助動詞

sollen

解答→p.175

▶ Du **sollst** sofort die Hausaufgaben machen.
ただちに宿題をするべきです。

▶ **Soll** ich das Fenster zumachen?
窓を閉めましょうか？

	過去基本形		過去分詞	
	zu不定詞		現在分詞	

	現在形	過去形	接続法 I	接続法 II
ich				
du				
er/sie/es				
wir				
ihr				
sie				
Sie				

命令形	(du) ×	(ihr) ×	(Sie) ×
現在完了		過去完了	
未来		未来完了	
動作受動	×	状態受動	×
接続法 I 過去		接続法 II 過去	

wollen

解答→p.175

▶ Was **willst** du in Zukunft machen?
　将来、何をするつもり？

▶ Der Zeuge **will** den Täter gesehen haben.
　目撃者は、犯人を見たと言い張っています。

	過去基本形	_____	過去分詞	_____
	zu 不定詞	_____	現在分詞	_____

	現在形	過去形	接続法 I	接続法 II
ich	_____	_____	_____	_____
du	_____	_____	_____	_____
er/sie/es	_____	_____	_____	_____
wir	_____	_____	_____	_____
ihr	_____	_____	_____	_____
sie	_____	_____	_____	_____
Sie	_____	_____	_____	_____

命令形	(du) _____	(ihr) _____	(Sie) _____
現在完了	_____	過去完了	_____
未来	_____	未来完了	_____
動作受動	_____	状態受動	_____
接続法 I 過去	_____	接続法 II 過去	_____

話法の助動詞

解 答

*変化形にある [e] は、その文字が省略可能であることを示しますが、辞書によって揺れが見られます。
*変化形および複合形は、その用法がどの程度使われているかの頻度には関係なく、一般的に可能な形を載せました。

ändern▶（過去基本形）änderte（過去分詞）geändert（zu不定詞）zu ändern（現在分詞）ändernd
（現在）ich änd[e]re, du änderst, er ändert, wir ändern, ihr ändert, sie ändern, Sie ändern
（過去）ich änderte, du ändertest, er änderte, wir änderten, ihr ändertet, sie änderten, Sie änderten（接Ⅰ）ich änd[e]re, du änderst, er änd[e]re, wir ändern, ihr ändert, sie ändern, Sie ändern（接Ⅱ）ich änderte, du ändertest, er änderte, wir änderten, ihr ändertet, sie änderten, Sie änderten（命令形）Änd[e]re!, Ändert!, Ändern Sie!
（現在完了）haben ... geändert（過去完了）hatte ... geändert（未来）werden ... ändern
（未来完了）werden ... geändert haben（動作受動）werden ... geändert（状態受動）sein ... geändert
（接Ⅰ過去）habe ... geändert（接Ⅱ過去）hätte ... geändert

antworten▶（過去基本形）antwortete（過去分詞）geantwortet（zu不定詞）zu antworten（現在分詞）antwortend
（現在）ich antworte, du antwortest, er antwortet, wir antworten, ihr antwortet, sie antworten, Sie antworten（過去）ich antwortete, du antwortetest, er antwortete, wir antworteten, ihr antwortetet, sie antworteten, Sie antworteten（接Ⅰ）ich antworte, du antwortest, er antworte, wir antworten, ihr antwortet, sie antworten, Sie antworten（接Ⅱ）ich antwortete, du antwortetest, er antwortete, wir antworteten, ihr antwortetet, sie antworteten, Sie antworteten（命令形）Antwort[e]!, Antwortet!, Antworten Sie!
（現在完了）haben ... geantwortet（過去完了）hatte ... geantwortet（未来）werden ... antworten
（未来完了）werden ... geantwortet haben（動作受動）werden ... geantwortet
（接Ⅰ過去）habe ... geantwortet（接Ⅱ過去）hätte ... geantwortet

arbeiten▶（過去基本形）arbeitete（過去分詞）gearbeitet（zu不定詞）zu arbeiten（現在分詞）arbeitend
（現在形）ich arbeite, du arbeitest, er arbeitet, wir arbeiten, ihr arbeitet, sie arbeiten, Sie arbeiten（過去形）ich arbeitete, du arbeitetest, er arbeitete, wir arbeiteten, ihr arbeitetet, sie arbeiteten, Sie arbeiteten（接Ⅰ）ich arbeite, du arbeitest, er arbeite, wir arbeiten, ihr arbeitet, sie arbeiten, Sie arbeiten（接Ⅱ）ich arbeitete, du arbeitetest, er arbeitete, wir arbeiteten, ihr arbeitetet, sie arbeiteten, Sie arbeiteten

（命令形）Arbeite!, Arbeitet!, Arbeiten Sie!
（現在完了）haben ... gearbeitet（過去完了）hatte ... gearbeitet（未来）werden ... arbeiten
（未来完了）werden ... gearbeitet haben（動作受動）werden ... gearbeitet
（状態受動）sein ... gearbeitet（接Ⅰ過去）habe ... gearbeitet（接Ⅱ過去）hätte ... gearbeitet

bedeuten▶（過去基本形）bedeutete（過去分詞）bedeutet（zu不定詞）zu bedeuten（現在分詞）bedeutend
（現在）ich bedeute, du bedeutest, er bedeutet, wir bedeuten, ihr bedeutet, sie bedeuten, Sie bedeuten（過去）ich bedeutete, du bedeutetest, er bedeutete, wir bedeuteten, ihr bedeutetet, sie bedeuteten, Sie bedeuteten（接Ⅰ）ich bedeute, du bedeutest, er bedeute, wir bedeuten, ihr bedeutet, sie bedeuten, Sie bedeuten（接Ⅱ）ich bedeutete, du bedeutetest, er bedeutete, wir bedeuteten, ihr bedeutetet, sie bedeuteten, Sie bedeuteten
（命令形）Bedeute!, Bedeutet!, Bedeuten Sie!
（現在完了）haben ... bedeutet（過去完了）hatte ... bedeutet（未来）werden ... bedeuten
（未来完了）werden ... bedeutet haben（動作受動）werden ... bedeutet
（接Ⅰ過去）habe ... bedeutet（接Ⅱ過去）hätte ... bedeutet

beginnen▸ (過去基本形)began (過去分詞)begonnen (zu不定詞)zu beginnen (現在分詞)beginnend
(現在)ich beginne, du beginnst, er beginnt, wir beginnen, ihr beginnt, sie beginnen, Sie beginnen (過去)ich begann, du begannst, er begann, wir begannen, ihr begannt, sie begannen, Sie begannen (接Ⅰ)ich beginne, du beginnest, er beginne, wir beginnen, ihr beginnet, sie beginnen, Sie beginnen (接Ⅱ)ich begänne/begönne, du begännest/begönnest, er begänne/begönne, wir begännen/begönnen, ihr begännet/begönnet, sie begännen/begönnen, Sie begännen/begönnen (命令形)Beginn[e]!, Beginnt!, Beginnen Sie!

(現在完了)haben ... begonnen (過去完了)hatte ... begonnen (未来)werden ... beginnen
(未来完了)werden ... begonnen haben (動作受動)werden ... begonnen (状態受動)sein ... begonnen
(接Ⅰ過去)habe ... begonnen (接Ⅱ過去)hätte ... begonnen

bekommen▸ (過去基本形)bekam (過去分詞)bekommen (zu不定詞)zu bekommen (現在分詞)bekommend
(現在)ich bekomme, du bekommst, er bekommt, wir bekommen, ihr bekommt, sie bekommen, Sie bekommen (過去)ich bekam, du bekamst, er bekam, wir bekamen, ihr bekamt, sie bekamen, Sie bekamen (接Ⅰ)ich bekomme, du bekommest, er bekomme, wir bekommen, ihr bekommet, sie bekommen, Sie bekommen (接Ⅱ)ich bekäme, du bekämest, er bekäme, wir bekämen, ihr bekämet, sie bekämen, Sie bekämen

(命令形)Bekomm[e]!, Bekommt!, Bekommen Sie!
(現在完了)haben/sein ... bekommen (過去完了)hatte/war ... bekommen
(未来)werden ... bekommen (未来完了)werden ... bekommen haben/sein
(接Ⅰ過去)habe/sei ... bekommen (接Ⅱ過去)hätte/wäre ... bekommen

benutzen▸ (過去基本形)benutzte (過去分詞)benutzt (zu不定詞)zu benutzen (現在分詞)benutzend
(現在)ich benutze, du benutzt, er benutzt, wir benutzen, ihr benutzt, sie benutzen, Sie benutzen (過去)ich benutzte, du benutztest, er benutzte, wir benutzten, ihr benutztet, sie benutzten, Sie benutzten (接Ⅰ)ich benutze, du benutzest, er benutze, wir benutzen, ihr benutzet, sie benutzen, Sie benutzen (接Ⅱ)ich benutzte, du benutztest, er benutzte, wir benutzten, ihr benutztet, sie benutzten, Sie benutzten

(命令形)Benutz[e]!, Benutzt!, Benutzen Sie!
(現在完了)haben ... benutzt (過去完了)hatte ... benutzt (未来)werden ... benutzen
(未来完了)werden ... benutzt haben (動作受動)werden ... benutzt (状態受動)sein ... benutzt
(接Ⅰ過去)habe ... benutzt (接Ⅱ過去)hätte ... benutzt

bestellen▸ (過去基本形)bestellte (過去分詞)bestellt (zu不定詞)zu bestellen (現在分詞)bestellend
(現在)ich bestelle, du bestellst, er bestellt, wir bestellen, ihr bestellt, sie bestellen, Sie bestellen (過去)ich bestellte, du bestelltest, er bestellte, wir bestellten, ihr bestelltet, sie bestellten, Sie bestellten (接Ⅰ)ich bestelle, du bestellest, er bestelle, wir bestellen, ihr bestellet, sie bestellen, Sie bestellen (接Ⅱ)ich bestellte, du bestelltest, er bestellte, wir bestellten, ihr bestelltet, sie bestellten, Sie bestellten

(命令形)Bestell[e]!, Bestellt!, Bestellen Sie!
(現在完了)haben ... bestellt (過去完了)hatte ... bestellt (未来)werden ... bestellen
(未来完了)werden ... bestellt haben (動作受動)werden ... bestellt (状態受動)sein ... bestellt
(接Ⅰ過去)habe ... bestellt (接Ⅱ過去)hätte ... bestellt

besuchen▸ (過去基本形)besuchte (過去分詞)besucht (zu不定詞)zu besuchen (現在分詞)besuchend
(現在)ich besuche, du besuchst, er besucht, wir besuchen, ihr besucht, sie besuchen, Sie besuchen (過去)ich besuchte, du besuchtest, er besuchte, wir besuchten, ihr besuchtet, sie besuchten, Sie besuchten (接Ⅰ)ich besuche, du besuchest, er besuche, wir besuchen, ihr besuchet, sie besuchen, Sie besuchen (接Ⅱ)ich besuchte, du besuchtest, er besuchte, wir besuchten, ihr besuchtet, sie besuchten, Sie besuchten

(命令形)Besuch[e]!, Besucht!, Besuchen Sie!
(現在完了)haben ... besucht (過去完了)hatte ... besucht (未来)werden ... besuchen
(未来完了)werden ... besucht haben (動作受動)werden ... besucht (状態受動)sein ... besucht
(接Ⅰ過去)habe ... besucht (接Ⅱ過去)hätte ... besucht

bezahlen▶ (過去基本形)bezahlte (過去分詞)bezahlt (zu不定詞)zu bezahlen (現在分詞)bezahlend
(現在)ich bezahle, du bezahlst, er bezahlt, wir bezahlen, ihr bezahlt, sie bezahlen, Sie bezahlen (過去)ich bezahlte, du bezahltest, er bezahlte, wir bezahlten, ihr bezahltet, sie bezahlten, Sie bezahlten (接Ⅰ)ich bezahle, du bezahlest, er bezahle, wir bezahlen, ihr bezahlet, sie bezahlen, Sie bezahlen (接Ⅱ)ich bezahlte, du bezahltest, er bezahlte, wir bezahlten, ihr bezahltet, sie bezahlten, Sie bezahlten
(命令形)Bezahl[e]!, Bezahlt!, Bezahlen Sie!
(現在完了)haben ... bezahlt (過去完了)hatte ... bezahlt (未来)werden ... bezahlen
(未来完了)werden ... bezahlt haben (動作受動)werden ... bezahlt (状態受動)sein ... bezahlt
(接Ⅰ過去)habe ... bezahlt (接Ⅱ過去)hätte ... bezahlt

bitten▶ (過去基本形)bat (過去分詞)gebeten (zu不定詞)zu bitten (現在分詞)bittend
(現在)ich bitte, du bittest, er bittet, wir bitten, ihr bittet, sie bitten, Sie bitten (過去)ich bat, du bat[e]st, er bat, wir baten, ihr batet, sie baten, Sie baten (接Ⅰ)ich bitte, du bittest, er bitte, wir bitten, ihr bittet, sie bitten, Sie bitten (接Ⅱ)ich bäte, du bätest, er bäte, wir bäten, ihr bätet, sie bäten, Sie bäten (命令形)Bitt[e]!, Bittet!, Bitten Sie!
(現在完了)haben ... gebeten (過去完了)hatte ... gebeten (未来)werden ... bitten
(未来完了)werden ... gebeten haben (動作受動)werden ... gebeten (状態受動)sein ... gebeten
(接Ⅰ過去)habe ... gebeten (接Ⅱ過去)hätte ... gebeten

bleiben▶ (過去基本形)blieb (過去分詞)geblieben (zu不定詞)zu bleiben (現在分詞)bleibend
(現在)ich bleibe, du bleibst, er bleibt, wir bleiben, ihr bleibt, sie bleiben, Sie bleiben
(過去)ich blieb, du blieb[e]st, er blieb, wir blieben, ihr bliebt, sie blieben, Sie blieben
(接Ⅰ)ich bleibe, du bleibest, er bleibe, wir bleiben, ihr bleibet, sie bleiben, Sie bleiben
(接Ⅱ)ich bliebe, du bliebest, er bliebe, wir blieben, ihr bliebet, sie blieben, Sie blieben
(命令形)Bleib[e]!, Bleibt!, Bleiben Sie!
(現在完了)sein ... geblieben (過去完了)war ... geblieben (未来)werden ... bleiben
(未来完了)werden ... geblieben sein (動作受動)werden ... geblieben
(接Ⅰ過去)sei ... geblieben (接Ⅱ過去)wäre ... geblieben

brauchen▶ (過去基本形)brauchte (過去分詞)gebraucht (zu不定詞)zu brauchen (現在分詞)brauchend
(現在)ich brauche, du brauchst, er braucht, wir brauchen, ihr braucht, sie brauchen, Sie brauchen (過去)ich brauchte, du brauchtest, er brauchte, wir brauchten, ihr brauchtet, sie brauchten, Sie brauchten (接Ⅰ)ich brauche, du brauchest, er brauche, wir brauchen, ihr brauchet, sie brauchen, Sie brauchen (接Ⅱ)ich brauchte, du brauchtest, er brauchte, wir brauchten, ihr brauchtet, sie brauchten, Sie brauchten
(命令形)Brauch[e]!, Braucht! Brauchen Sie!
(現在完了)haben ... gebraucht (過去完了)hatte ... gebraucht (未来)werden ... brauchen
(未来完了)werden ... gebraucht haben (動作受動)werden ... gebraucht
(状態受動)sein ... gebraucht (接Ⅰ過去)habe ... gebraucht (接Ⅱ過去)hätte ... gebraucht

brechen▶ (過去基本形)brach (過去分詞)gebrochen (zu不定詞)zu brechen (現在分詞)brechend
(現在)ich breche, du brichst, er bricht, wir brechen, ihr brecht, sie brechen, Sie brechen
(過去)ich brach, du brachst, er brach, wir brachen, ihr bracht, sie brachen, Sie brachen
(接Ⅰ)ich breche, du brechest, er breche, wir brechen, ihr brechet, sie brechen, Sie brechen
(接Ⅱ)ich bräche, du brächest, er bräche, wir brächen, ihr brächet, sie brächen, Sie brächen

(命令形)Brich!, Brecht!, Brechen Sie!
(現在完了)haben/sein ... gebrochen (過去完了)hatte/war ... gebrochen (未来)werden ... brechen
(未来完了)werden ... gebrochen haben/sein (動作受動)werden ... gebrochen
(状態受動)sein ... gebrochen (接Ⅰ過去)habe/sei ... gebrochen (接Ⅱ過去)hätte/wäre ... gebrochen

brennen ▶ (過去基本形)brannte (過去分詞)gebrannt (zu不定詞)zu brennen (現在分詞)brennend
(現在)ich brenne, du brennst, er brennt, wir brennen, ihr brennt, sie brennen,
Sie brennen (過去)ich brannte, du branntest, er brannte, wir brannten, ihr branntet,
sie brannten, Sie brannten (接Ⅰ)ich brenne, du brennest, er brenne, wir brennen,
ihr brennet, sie brennen, Sie brennen (接Ⅱ)ich brennte, du brenntest, er brennte,
wir brennten, ihr brenntet, sie brennten, Sie brennten
(命令形)Brenn[e]!, Brennt!, Brennen Sie!
(現在完了)haben ... gebrannt (過去完了)hatte ... gebrannt (未来)werden ... brennen
(未来完了)werden ... gebrannt haben (動作受動)werden ... gebrannt (状態受動)sein ... gebrannt
(接Ⅰ過去)habe ... gebrannt (接Ⅱ過去)hätte ... gebrannt

bringen ▶ (過去基本形)brachte (過去分詞)gebracht (zu不定詞)zu bringen (現在分詞)bringend
(現在)ich bringe, du bringst, er bringt, wir bringen, ihr bringt, sie bringen, Sie bringen
(過去)ich brachte, du brachtest, er brachte, wir brachten, ihr brachtet, sie brachten,
Sie brachten (接Ⅰ)ich bringe, du bringest, er bringe, wir bringen, ihr bringet, sie bringen,
Sie bringen (接Ⅱ)ich brächte, du brächtest, er brächte, wir brächten, ihr brächtet,
sie brächten, Sie brächten (命令形)Bring[e]!, Bringt!, Bringen Sie!
(現在完了)haben ... gebracht (過去完了)hatte ... gebracht (未来)werden ... bringen
(未来完了)werden ... gebracht haben (動作受動)werden ... gebracht (状態受動)sein ... gebracht
(接Ⅰ過去)habe ... gebracht (接Ⅱ過去)hätte ... gebracht

danken ▶ (過去基本形)dankte (過去分詞)gedankt (zu不定詞)zu danken (現在分詞)dankend
(現在)ich danke, du dankst, er dankt, wir danken, ihr dankt, sie danken, Sie danken
(過去)ich dankte, du danktest, er dankte, wir dankten, ihr danktet, sie dankten, Sie dankten
(接Ⅰ)ich danke, du dankest, er danke, wir danken, ihr danket, sie danken, Sie danken
(接Ⅱ)ich dankte, du danktest, er dankte, wir dankten, ihr danktet, sie dankten,
Sie dankten (命令形)Dank[e]!, Dankt!, Danken Sie!
(現在完了)haben ... gedankt (過去完了)hatte ... gedankt (未来)werden ... danken
(未来完了)werden ... gedankt haben (動作受動)werden ... gedankt (状態受動)sein ... gedankt
(接Ⅰ過去)habe ... gedankt (接Ⅱ過去)hätte ... gedankt

denken ▶ (過去基本形)dachte (過去分詞)gedacht (zu不定詞)zu denken (現在分詞)denkend
(現在)ich denke, du denkst, er denkt, wir denken, ihr denkt, sie denken, Sie denken
(過去)ich dachte, du dachtest, er dachte, wir dachten, ihr dachtet, sie dachten,
Sie dachten (接Ⅰ)ich denke, du denkest, er denke, wir denken, ihr denket, sie denken,
Sie denken (接Ⅱ)ich dächte, du dächtest, er dächte, wir dächten, ihr dächtet, sie dächten,
Sie dächten (命令形)Denk[e]!, Denkt!, Denken Sie!
(現在完了)haben ... gedacht (過去完了)hatte ... gedacht (未来)werden ... denken
(未来完了)werden ... gedacht haben (動作受動)werden ... gedacht (状態受動)sein ... gedacht
(接Ⅰ過去)habe ... gedacht (接Ⅱ過去)hätte ... gedacht

drücken ▶ (過去基本形)drückte (過去分詞)gedrückt (zu不定詞)zu drücken (現在分詞)drückend
(現在)ich drücke, du drückst, er drückt, wir drücken, ihr drückt, sie drücken, Sie drücken
(過去)ich drückte, du drücktest, er drückte, wir drückten, ihr drücktet, sie drückten,
Sie drückten (接Ⅰ)ich drücke, du drückest, er drücke, wir drücken, ihr drücket,
sie drücken, Sie drücken (接Ⅱ)ich drückte, du drücktest, er drückte, wir drückten,

ihr drücktet, *sie* drückten, *Sie* drückten (命令形)Drück[e]!, Drückt, Drücken Sie!
(現在完了)haben ... gedrückt (過去完了)hatte ... gedrückt (未来)werden ... drücken
(未来完了)werden ... gedrückt haben (動作受動)werden ... gedrückt (状態受動)sein ... gedrückt
(接Ⅰ過去)habe ... gedrückt (接Ⅱ過去)hätte ... gedrückt

empfehlen ▶ (過去基本形)empfahl (過去分詞)empfohlen (zu不定詞)zu empfehlen (現在分詞)empfehlend
(現在)*ich* empfehle, *du* empfiehlst, *er* empfiehlt, *wir* empfehlen, *ihr* empfehlt,
sie empfehlen, *Sie* empfehlen (過去)*ich* empfahl, *du* empfahlst, *er* empfahl, *wir* empfahlen,
ihr empfahlt, *sie* empfahlen, *Sie* empfahlen (接Ⅰ)*ich* empfehle, *du* empfehlest,
er empfehle, *wir* empfehlen, *ihr* empfehlet, *sie* empfehlen, *Sie* empfehlen
(接Ⅱ)*ich* empföhle/empfähle, *du* empföhlest/empfählest, *er* empföhle/empfähle,
wir empföhlen/empfählen, *ihr* empföhlet/empfählet, *sie* empföhlen/empfählen,
Sie empföhlen/empfählen (命令形)Empfiehl!, Empfehlt!, Empfehlen Sie!
(現在完了)haben ... empfohlen (過去完了)hatte ... empfohlen (未来)werden ... empfehlen
(未来完了)werden ... empfohlen haben (動作受動)werden ... empfohlen
(状態受動)sein ... empfohlen (接Ⅰ過去)habe ... empfohlen (接Ⅱ過去)hätte ... empfohlen

entschuldigen ▶ (過去基本形)entschuldigte (過去分詞)entschuldigt (zu不定詞)zu entschuldigen
(現在分詞)entschuldigend
(現在)*ich* entschuldige, *du* entschuldigst, *er* entschuldigt, *wir* entschuldigen, *ihr* entschuldigt,
sie entschuldigen, *Sie* entschuldigen (過去)*ich* entschuldigte, *du* entschuldigtest,
er entschuldigte, *wir* entschuldigten, *ihr* entschuldigtet, *sie* entschuldigten,
Sie entschuldigten (接Ⅰ)*ich* entschuldige, *du* entschuldigest, *er* entschuldige,
wir entschuldigen, *ihr* entschuldiget, *sie* entschuldigen, *Sie* entschuldigen
(接Ⅱ)*ich* entschuldigte, *du* entschuldigtest, *er* entschuldigte, *wir* entschuldigten,
ihr entschuldigtet, *sie* entschuldigten, *Sie* entschuldigten
(命令形)Entschuldige!, Entschuldigt!, Entschuldigen Sie!
(現在完了)haben ... entschuldigt (過去完了)hatte ... entschuldigt (未来)werden ... entschuldigen
(未来完了)werden ... entschuldigt haben (動作受動)werden ... entschuldigt
(状態受動)sein ... entschuldigt (接Ⅰ過去)habe ... entschuldigt (接Ⅱ過去)hätte ... entschuldigt

entwickeln ▶ (過去基本形)entwickelte (過去分詞)entwickelt (zu不定詞)zu entwickeln (現在分詞)
entwickelnd
(現在)*ich* entwick[e]le, *du* entwickelst, *er* entwickelt, *wir* entwickeln, *ihr* entwickelt,
sie entwickeln, *Sie* entwickeln (過去)*ich* entwickelte, *du* entwickeltest, *er* entwickelte,
wir entwickelten, *ihr* entwickeltet, *sie* entwickelten, *Sie* entwickelten
(接Ⅰ)*ich* entwick[e]le, *du* entwickelst, *er* entwick[e]le, *wir* entwickeln, *ihr* entwickelt,
sie entwickeln, *Sie* entwickeln (接Ⅱ)*ich* entwickelte, *du* entwickeltest, *er* entwickelte,
wir entwickelten, *ihr* entwickeltet, *sie* entwickelten, *Sie* entwickelten
(命令形)Entwick[e]le!, Entwickelt!, Entwickeln Sie!
(現在完了)haben ... entwickelt (過去完了)hatte ... entwickelt (未来)werden ... entwickeln
(未来完了)werden ... entwickelt haben (動作受動)werden ... entwickelt (状態受動)sein ... entwickelt
(接Ⅰ過去)habe ... entwickelt (接Ⅱ過去)hätte ... entwickelt

erklären ▶ (過去基本形)erklärte (過去分詞)erklärt (zu不定詞)zu erklären (現在分詞)erklärend
(現在)*ich* erkläre, *du* erklärst, *er* erklärt, *wir* erklären, *ihr* erklärt, *sie* erklären, *Sie* erklären
(過去)*ich* erklärte, *du* erklärtest, *er* erklärte, *wir* erklärten, *ihr* erklärtet, *sie* erklärten,
Sie erklärten (接Ⅰ)*ich* erkläre, *du* erklärest, *er* erkläre, *wir* erklären, *ihr* erkläret, *sie* erklären,
Sie erklären (接Ⅱ)*ich* erklärte, *du* erklärtest, *er* erklärte, *wir* erklärten, *ihr* erklärtet,
sie erklärten, *Sie* erklärten (命令形)Erklär[e]!, Erklärt!, Erklären Sie!

(現在完了)haben ... erklärt (過去完了)hatte ... erklärt (未来)werden ... erklären
(未来完了)werden ... erklärt haben (動作受動)werden ... erklärt (状態受動)sein ... erklärt
(接Ⅰ過去)habe ... erklärt (接Ⅱ過去)hätte ... erklärt

erzählen▶(過去基本形)erzählte (過去分詞)erzählt (zu不定詞)zu erzählen (現在分詞)erzählend
(現在)ich erzähle, du erzählst, er erzählt, wir erzählen, ihr erzählt, sie erzählen, Sie erzählen (過去)ich erzählte, du erzähltest, er erzählte, wir erzählten, ihr erzähltet, sie erzählten, Sie erzählten (接Ⅰ)ich erzähle, du erzählest, er erzähle, wir erzählen, ihr erzählet, sie erzählen, Sie erzählen (接Ⅱ)ich erzählte, du erzähltest, er erzählte, wir erzählten, ihr erzähltet, sie erzählten, Sie erzählten (命令形)Erzähl[e]!, Erzählt! Erzählen Sie!
(現在完了)haben ... erzählt (過去完了)hatte ... erzählt (未来)werden ... erzählen
(未来完了)werden ... erzählt haben (動作受動)werden ... erzählt (状態受動)sein ... erzählt
(接Ⅰ過去)habe ... erzählt (接Ⅱ過去)hätte ... erzählt

essen▶(過去基本形)aß (過去分詞)gegessen (zu不定詞)zu essen (現在分詞)essend
(現在)ich esse, du isst, er isst, wir essen, ihr esst, sie essen, Sie essen (過去)ich aß, du aßest, er aß, wir aßen, ihr aßt, sie aßen, Sie aßen (接Ⅰ)ich esse, du essest, er esse, wir essen, ihr esset, sie essen, Sie essen (接Ⅱ)ich äße, du äßest, er äße, wir äßen, ihr äßet, sie äßen, Sie äßen (命令形)Iss!, Esst!, Essen Sie!
(現在完了)haben ... gegessen (過去完了)hatte ... gegessen (未来)werden ... essen
(未来完了)werden ... gegessen haben (動作受動)werden ... gegessen (状態受動)sein ... gegessen
(接Ⅰ過去)habe ... gegessen (接Ⅱ過去)hätte ... gegessen

fahren▶(過去基本形)fuhr (過去分詞)gefahren (zu不定詞)zu fahren (現在分詞)fahrend
(現在)ich fahre, du fährst, er fährt, wir fahren, ihr fahrt, sie fahren, Sie fahren (過去)ich fuhr, du fuhr[e]st, er fuhr, wir fuhren, ihr fuhrt, sie fuhren, Sie fuhren (接Ⅰ)ich fahre, du fahrest, er fahre, wir fahren, ihr fahret, sie fahren, Sie fahren (接Ⅱ)ich führe, du führest, er führe, wir führen, ihr führet, sie führen, Sie führen (命令形)Fahr[e]!, Fahrt!, Fahren Sie!
(現在完了)sein/haben ... gefahren (過去完了)war/hatte ... gefahren (未来)werden ... fahren
(未来完了)werden ... gefahren sein/haben (動作受動)werden ... gefahren
(接Ⅰ過去)sei/habe ... gefahren (接Ⅱ過去)wäre/hätte ... gefahren

fallen▶(過去基本形)fiel (過去分詞)gefallen (zu不定詞)zu fallen (現在分詞)fallend
(現在)ich falle, du fällst, er fällt, wir fallen, ihr fallt, sie fallen, Sie fallen (過去)ich fiel, du fielst, er fiel, wir fielen, ihr fielt, sie fielen, Sie fielen (接Ⅰ)ich falle, du fallest, er falle, wir fallen, ihr fallet, sie fallen, Sie fallen (接Ⅱ)ich fiele, du fielest, er fiele, wir fielen, ihr fielet, sie fielen, Sie fielen (命令形)Fall[e]!, Fallt!, Fallen Sie!
(現在完了)sein ... gefallen (過去完了)war ... gefallen (未来)werden ... fallen
(未来完了)werden ... gefallen sein (接Ⅰ過去)sei ... gefallen (接Ⅱ過去)wäre ... gefallen

finden▶(過去基本形)fand (過去分詞)gefunden (zu不定詞)zu finden (現在分詞)findend
(現在)ich finde, du findest, er findet, wir finden, ihr findet, sie finden, Sie finden (過去)ich fand, du fand[e]st, er fand, wir fanden, ihr fandet, sie fanden, Sie fanden (接Ⅰ)ich finde, du findest, er finde, wir finden, ihr findet, sie finden, Sie finden (接Ⅱ)ich fände, du fändest, er fände, wir fänden, ihr fändet, sie fänden, Sie fänden (命令形)Find[e]!, Findet!, Finden Sie!
(現在完了)haben ... gefunden (過去完了)hatte ... gefunden (未来)werden ... finden
(未来完了)werden ... gefunden haben (動作受動)werden ... gefunden (状態受動)sein ... gefunden
(接Ⅰ過去)habe ... gefunden (接Ⅱ過去)hätte ... gefunden

fliegen▶(過去基本形)flog (過去分詞)geflogen (zu不定詞)zu fliegen (現在分詞)fliegend
(現在)ich fliege, du fliegst, er fliegt, wir fliegen, ihr fliegt, sie fliegen, Sie fliegen (過去)ich flog, du flog[e]st, er flog, wir flogen, ihr flogt, sie flogen, Sie flogen (接Ⅰ)ich fliege, du fliegest,

er fliege, *wir* fliegen, *ihr* flieget, *sie* fliegen, *Sie* fliegen （接Ⅱ）*ich* flöge, *du* flögest, *er* flöge, *wir* flögen, *ihr* flöget, *sie* flögen, *Sie* flögen （命令形）Flieg[e]!, Fliegt!, Fliegen Sie!
（現在完了）sein/haben ... geflogen （過去完了）war/hatte ... geflogen （未来）werden ... fliegen
（未来完了）werden ... geflogen sein/haben （動作受動）werden ... geflogen （状態受動）sein ... geflogen
（接Ⅰ過去）sei/habe ... geflogen （接Ⅱ過去）wäre/hätte ... geflogen

fragen▶（過去基本形）fragte （過去分詞）gefragt （zu不定詞）zu fragen （現在分詞）fragend
（現在）*ich* frage, *du* fragst, *er* fragt, *wir* fragen, *ihr* fragt, *sie* fragen, *Sie* fragen （過去）*ich* fragte, *du* fragtest, *er* fragte, *wir* fragten, *ihr* fragtet, *sie* fragten, *Sie* fragten （接Ⅰ）*ich* frage, *du* fragest, *er* frage, *wir* fragen, *ihr* fraget, *sie* fragen, *Sie* fragen （接Ⅱ）*ich* fragte, *du* fragtest, *er* fragte, *wir* fragten, *ihr* fragtet, *sie* fragten, *Sie* fragten （命令形）Frag[e]!, Fragt!, Fragen Sie!
（現在完了）haben ... gefragt （過去完了）hatte ... gefragt （未来）werden ... fragen
（未来完了）werden ... gefragt haben （動作受動）werden ... gefragt （状態受動）sein ... gefragt
（接Ⅰ過去）habe ... gefragt （接Ⅱ過去）hätte ... gefragt

freuen▶（過去基本形）freute （過去分詞）gefreut （zu不定詞）zu freuen （現在分詞）freuend
（現在）*ich* freue, *du* freust, *er* freut, *wir* freuen, *ihr* freut, *sie* freuen, *Sie* freuen
（過去）*ich* freute, *du* freutest, *er* freute, *wir* freuten, *ihr* freutet, *sie* freuten, *Sie* freuten
（接Ⅰ）*ich* freue, *du* freuest, *er* freue, *wir* freuen, *ihr* freuet, *sie* freuen, *Sie* freuen
（接Ⅱ）*ich* freute, *du* freutest, *er* freute, *wir* freuten, *ihr* freutet, *sie* freuten, *Sie* freuten
（命令形）Freu[e]!, Freut!, Freuen Sie!
（現在完了）haben ... gefreut （過去完了）hatte ... gefreut （未来）werden ... freuen
（未来完了）werden ... gefreut haben （接Ⅰ過去）habe ... gefreut （接Ⅱ過去）hätte ... gefreut

frühstücken▶（過去基本形）frühstückte （過去分詞）gefrühstückt （zu不定詞）zu frühstücken （現在分詞）frühstückend
（現在）*ich* frühstücke, *du* frühstückst, *er* frühstückt, *wir* frühstücken, *ihr* frühstückt, *sie* frühstücken, *Sie* frühstücken （過去）*ich* frühstückte, *du* frühstücktest, *er* frühstückte, *wir* frühstückten, *ihr* frühstücktet, *sie* frühstückten, *Sie* frühstückten （接Ⅰ）*ich* frühstücke, *du* frühstückest, *er* frühstücke, *wir* frühstücken, *ihr* frühstücket, *sie* frühstücken, *Sie* frühstücken （接Ⅱ）*ich* frühstückte, *du* frühstücktest, *er* frühstückte, *wir* frühstückten, *ihr* frühstücktet, *sie* frühstückten, *Sie* frühstückten
（命令形）Frühstück[e]!, Frühstückt!, Frühstücken Sie!
（現在完了）haben ... gefrühstückt （過去完了）hatte ... gefrühstückt （未来）werden ... frühstücken
（未来完了）werden ... gefrühstückt haben （動作受動）werden ... gefrühstückt
（状態受動）sein ... gefrühstückt （接Ⅰ過去）habe ... gefrühstückt （接Ⅱ過去）hätte ... gefrühstückt

fühlen▶（過去基本形）fühlte （過去分詞）gefühlt （zu不定詞）zu fühlen （現在分詞）fühlend
（現在）*ich* fühle, *du* fühlst, *er* fühlt, *wir* fühlen, *ihr* fühlt, *sie* fühlen, *Sie* fühlen （過去）*ich* fühlte, *du* fühltest, *er* fühlte, *wir* fühlten, *ihr* fühltet, *sie* fühlten, *Sie* fühlten （接Ⅰ）*ich* fühle, *du* fühlest, *er* fühle, *wir* fühlen, *ihr* fühlet, *sie* fühlen, *Sie* fühlen （接Ⅱ）*ich* fühlte, *du* fühltest, *er* fühlte, *wir* fühlten, *ihr* fühltet, *sie* fühlten, *Sie* fühlten （命令形）Fühl[e]!, Fühlt!, Fühlen Sie!
（現在完了）haben ... gefühlt （過去完了）hatte ... gefühlt （未来）werden ... fühlen
（未来完了）werden ... gefühlt haben （動作受動）werden ... gefühlt （状態受動）sein ... gefühlt
（接Ⅰ過去）habe ... gefühlt （接Ⅱ過去）hätte ... gefühlt

geben▶（過去基本形）gab （過去分詞）gegeben （zu不定詞）zu geben （現在分詞）gebend
（現在）*ich* gebe, *du* gibst, *er* gibt, *wir* geben, *ihr* gebt, *sie* geben, *Sie* geben （過去）*ich* gab, *du* gabst, *er* gab, *wir* gaben, *ihr* gabt, *sie* gaben, *Sie* gaben （接Ⅰ）*ich* gebe, *du* gebest, *er* gebe, *wir* geben, *ihr* gebet, *sie* geben, *Sie* geben （接Ⅱ）*ich* gäbe, *du* gäbest, *er* gäbe, *wir* gäben, *ihr* gäbet, *sie* gäben, *Sie* gäben （命令形）Gib!, Gebt!, Geben Sie!

(現在完了)haben ... gegeben (過去完了)hatte ... gegeben (未来)werden ... geben
(未来完了)werden ... gegeben haben (動作受動)werden ... gegeben (状態受動)sein ... gegeben
(接Ⅰ過去)habe ... gegeben (接Ⅱ過去)hätte ... gegeben

gefallen ▶ (過去基本形)**gefiel** (過去分詞)**gefallen** (zu不定詞)**zu gefallen** (現在分詞)**gefallend**
(現在)*ich* **gefalle**, *du* **gefällst**, *er* **gefällt**, *wir* **gefallen**, *ihr* **gefallt**, *sie* **gefallen**, *Sie* **gefallen**
(過去)*ich* **gefiel**, *du* **gefielst**, *er* **gefiel**, *wir* **gefielen**, *ihr* **gefielt**, *sie* **gefielen**, *Sie* **gefielen**
(接Ⅰ)*ich* **gefalle**, *du* **gefallest**, *er* **gefalle**, *wir* **gefallen**, *ihr* **gefallet**, *sie* **gefallen**, *Sie* **gefallen**
(接Ⅱ)*ich* **gefiele**, *du* **gefielest**, *er* **gefiele**, *wir* **gefielen**, *ihr* **gefielet**, *sie* **gefielen**, *Sie* **gefielen**
(命令形)**Gefall[e]!, Gefallt!, Gefallen Sie!**
(現在完了)haben ... gefallen (過去完了)hatte ... gefallen (未来)werden ... gefallen
(未来完了)werden ... gefallen haben (接Ⅰ過去)habe ... gefallen (接Ⅱ過去)hätte ... gefallen

gehen ▶ (過去基本形)**ging** (過去分詞)**gegangen** (zu不定詞)**zu gehen** (現在分詞)**gehend**
(現在)*ich* **gehe**, *du* **gehst**, *er* **geht**, *wir* **gehen**, *ihr* **geht**, *sie* **gehen**, *Sie* **gehen** (過去)*ich* **ging**, *du* **gingst**, *er* **ging**, *wir* **gingen**, *ihr* **gingt**, *sie* **gingen**, *Sie* **gingen** (接Ⅰ)*ich* **gehe**, *du* **gehest**, *er* **gehe**, *wir* **gehen** *ihr* **gehet**, *sie* **gehen**, *Sie* **gehen** (接Ⅱ)*ich* **ginge**, *du* **gingest**, *er* **ginge**, *wir* **gingen**, *ihr* **ginget**, *sie* **gingen**, *Sie* **gingen** (命令形)**Geh[e]!, Geht!, Gehen Sie!**
(現在完了)sein/haben ... gegangen (過去完了)war/hatte ... gegangen (未来)werden ... gehen
(未来完了)werden ... gegangen sein/haben (動作受動)werden ... gegangen
(接Ⅰ過去)sei/habe ... gegangen (接Ⅱ過去)wäre/hätte ... gegangen

gehören ▶ (過去基本形)**gehörte** (過去分詞)**gehört** (zu不定詞)**zu gehören** (現在分詞)**gehörend**
(現在)*ich* **gehöre**, *du* **gehörst**, *er* **gehört**, *wir* **gehören**, *ihr* **gehört**, *sie* **gehören**, *Sie* **gehören** (過去)*ich* **gehörte**, *du* **gehörtest**, *er* **gehörte**, *wir* **gehörten**, *ihr* **gehörtet**, *sie* **gehörten**, *Sie* **gehörten** (接Ⅰ)*ich* **gehöre**, *du* **gehörest**, *er* **gehöre**, *wir* **gehören**, *ihr* **gehöret**, *sie* **gehören**, *Sie* **gehören** (接Ⅱ)*ich* **gehörte**, *du* **gehörtest**, *er* **gehörte**, *wir* **gehören**, *ihr* **gehörtet**, *sie* **gehörten**, *Sie* **gehörten** (命令形)**Gehör[e]!, Gehört!, Gehören Sie!**
(現在完了)haben ... gehört (過去完了)hatte ... gehört (未来)werden ... gehören
(未来完了)werden ... gehört haben (接Ⅰ過去)habe ... gehört (接Ⅱ過去)hätte ... gehört

glauben ▶ (過去基本形)**glaubte** (過去分詞)**geglaubt** (zu不定詞)**zu glauben** (現在分詞)**glaubend**
(現在)*ich* **glaube**, *du* **glaubst**, *er* **glaubt**, *wir* **glauben**, *ihr* **glaubt**, *sie* **glauben**, *Sie* **glauben**
(過去)*ich* **glaubte**, *du* **glaubtest**, *er* **glaubte**, *wir* **glaubten**, *ihr* **glaubtet**, *sie* **glaubten**, *Sie* **glaubten** (接Ⅰ)*ich* **glaube**, *du* **glaubest**, *er* **glaube**, *wir* **glauben**, *ihr* **glaubet**, *sie* **glauben**, *Sie* **glauben** (接Ⅱ)*ich* **glaubte**, *du* **glaubtest**, *er* **glaubte**, *wir* **glaubten**, *ihr* **glaubtet**, *sie* **glaubten**, *Sie* **glaubten** (命令形)**Glaub[e]!, Glaubt!, Glauben Sie!**
(現在完了)haben ... geglaubt (過去完了)hatte ... geglaubt (未来)werden ... glauben
(未来完了)werden ... geglaubt haben (動作受動)werden ... geglaubt
(接Ⅰ過去)habe ... geglaubt (接Ⅱ過去)hätte ... geglaubt

haben ▶ (過去基本形)**hatte** (過去分詞)**gehabt** (zu不定詞)**zu haben** (現在分詞)**habend**
(現在)*ich* **habe**, *du* **hast**, *er* **hat**, *wir* **haben**, *ihr* **habt**, *sie* **haben**, *Sie* **haben** (過去)*ich* **hatte**, *du* **hattest**, *er* **hatte**, *wir* **hatten**, *ihr* **hattet**, *sie* **hatten**, *Sie* **hatten** (接Ⅰ)*ich* **habe**, *du* **habest**, *er* **habe**, *wir* **haben**, *ihr* **habet**, *sie* **haben**, *Sie* **haben** (接Ⅱ)*ich* **hätte**, *du* **hättest**, *er* **hätte**, *wir* **hätten**, *ihr* **hättet**, *sie* **hätten**, *Sie* **hätten** (命令形)**Hab[e]!, Habt!, Haben Sie!**
(現在完了)haben ... gehabt (過去完了)hatte ... gehabt (未来)werden ... haben
(未来完了)werden ... gehabt haben (接Ⅰ過去)habe ... gehabt (接Ⅱ過去)hätte ... gehabt

halten ▶ (過去基本形)**hielt** (過去分詞)**gehalten** (zu不定詞)**zu halten** (現在分詞)**haltend**
(現在)*ich* **halte**, *du* **hältst**, *er* **hält**, *wir* **halten**, *ihr* **haltet**, *sie* **halten**, *Sie* **halten** (過去)*ich* **hielt**, *du* **hielt[e]st**, *er* **hielt**, *wir* **hielten**, *ihr* **hieltet**, *sie* **hielten**, *Sie* **hielten** (接Ⅰ)*ich* **halte**,

du haltest, *er* halte, *wir* halten, *ihr* haltet, *sie* halten, *Sie* halten （接Ⅱ）*ich* hielte, *du* hieltest, *er* hielte, *wir* hielten, *ihr* hieltet, *sie* hielten, *Sie* hielten （命令形）Halt[e]!, Haltet!, Halten Sie!
（現在完了）haben ... gehalten （過去完了）hatte ... gehalten （未来）werden ... halten
（未来完了）werden ... gehalten haben （動作受動）werden ... gehalten （状態受動）sein ... gehalten
（接Ⅰ過去）habe ... gehalten （接Ⅱ過去）hätte ... gehalten

hängen［自動詞］▶（過去基本形）hing （過去分詞）gehangen （zu不定形）zu hängen （現在分詞）hängend
（現在）*ich* hänge, *du* hängst, *er* hängt, *wir* hängen, *ihr* hängt, *sie* hängen, *Sie* hängen
（過去）*ich* hing, *du* hing[e]st, *er* hing, *wir* hingen, *ihr* hingt, *sie* hingen, *Sie* hingen
（接Ⅰ）*ich* hänge, *du* hängest, *er* hänge, *wir* hängen, *ihr* hänget, *sie* hängen, *Sie* hängen
（接Ⅱ）*ich* hinge, *du* hingest, *er* hinge, *wir* hingen, *ihr* hinget, *sie* hingen, *Sie* hingen
（命令形）Häng[e]!, Hängt!, Hängen Sie!
（現在完了）haben ... gehangen （過去完了）hatte ... gehangen （未来）werden ... hängen
（未来完了）werden ... gehangen haben （接Ⅰ過去）habe ... gehangen （接Ⅱ過去）hätte ... gehangen

hängen［他動詞］▶（過去基本形）hängte （過去分詞）gehängt （zu不定形）zu hängen （現在分詞）hängend
（現在）*ich* hänge, *du* hängst, *er* hängt, *wir* hängen, *ihr* hängt, *sie* hängen, *Sie* hängen
（過去）*ich* hängte, *du* hängtest, *er* hängte, *wir* hängten, *ihr* hängtet, *sie* hängten, *Sie* hängten
（接Ⅰ）*ich* hänge, *du* hängest, *er* hänge, *wir* hängen, *ihr* hänget, *sie* hängen, *Sie* hängen
（接Ⅱ）*ich* hängte, *du* hängtest, *er* hängte, *wir* hängten, *ihr* hängtet, *sie* hängten, *Sie* hängten
（命令形）Häng[e]!, Hängt!, Hängen Sie!
（現在完了）haben ... gehängt （過去完了）hatte ... gehängt （未来）werden ... hängen
（未来完了）werden ... gehängt haben （動作受動）werden ... gehängt （状態受動）sein ... gehängt
（接Ⅰ過去）habe ... gehängt （接Ⅱ過去）hätte ... gehängt

heißen▶（過去基本形）hieß （過去分詞）geheißen （zu不定形）zu heißen （現在分詞）heißend
（現在）*ich* heiße, *du* heißt, *er* heißt, *wir* heißen, *ihr* heißt, *sie* heißen, *Sie* heißen （過去）*ich* hieß, *du* hießest, *er* hieß, *wir* hießen, *ihr* hießt, *sie* hießen, *Sie* hießen （接Ⅰ）*ich* heiße, *du* heißest, *er* heiße, *wir* heißen, *ihr* heißet, *sie* heißen, *Sie* heißen （接Ⅱ）*ich* hieße, *du* hießest, *er* hieße, *wir* hießen, *ihr* hießet, *sie* hießen, *Sie* hießen （命令形）Heiß[e]!, Heißt!, Heißen Sie!
（現在完了）haben ... geheißen （過去完了）hatte ... geheißen （未来）werden ... heißen
（未来完了）werden ... geheißen haben （動作受動）werden ... geheißen （状態受動）sein ... geheißen
（接Ⅰ過去）habe ... geheißen （接Ⅱ過去）hätte ... geheißen

helfen▶（過去基本形）half （過去分詞）geholfen （zu不定形）zu helfen （現在分詞）helfend
（現在）*ich* helfe, *du* hilfst, *er* hilft, *wir* helfen, *ihr* helft, *sie* helfen, *Sie* helfen （過去）*ich* half, *du* half[e]st, *er* half, *wir* halfen, *ihr* halft, *sie* halfen, *Sie* halfen （接Ⅰ）*ich* helfe, *du* helfest, *er* helfe, *wir* helfen, *ihr* helfet, *sie* helfen, *Sie* helfen （接Ⅱ）*ich* hülfe/hälfe, *du* hülfest/hälfest, *er* hülfe/hälfe, *wir* hülfen/hälfen, *ihr* hülfet/hälfet, *sie* hülfen/hälfen, *Sie* hülfen/hälfen
（命令形）Hilf!, Helft!, Helfen Sie!
（現在完了）haben ... geholfen （過去完了）hatte ... geholfen （未来）werden ... helfen
（未来完了）werden ... geholfen haben （動作受動）werden ... geholfen （状態受動）sein ... geholfen
（接Ⅰ過去）habe ... geholfen （接Ⅱ過去）hätte ... geholfen

holen▶（過去基本形）holte （過去分詞）geholt （zu不定形）zu holen （現在分詞）holend
（現在）*ich* hole, *du* holst, *er* holt, *wir* holen, *ihr* holt, *sie* holen, *Sie* holen （過去）*ich* holte, *du* holtest, *er* holte, *wir* holten, *ihr* holtet, *sie* holten, *Sie* holten （接Ⅰ）*ich* hole, *du* holest, *er* hole, *wir* holen, *ihr* holet, *sie* holen, *Sie* holen （接Ⅱ）*ich* holte, *du* holtest, *er* holte, *wir* holten, *ihr* holtet, *sie* holten, *Sie* holten （命令形）Hol[e]!, Holt!, Holen Sie!
（現在完了）haben ... geholt （過去完了）hatte ... geholt （未来）werden ... holen
（未来完了）werden ... geholt haben （動作受動）werden ... geholt （状態受動）sein ... geholt

(接Ⅰ過去)habe ... geholt (接Ⅱ過去)hätte ... geholt

hören▶ (過去基本形)hörte (過去分詞)gehört (zu不定詞)zu hören (現在分詞)hörend
(現在)ich höre, du hörst, er hört, wir hören, ihr hört, sie hören, Sie hören (過去)ich hörte, du hörtest, er hörte, wir hörten, ihr hörtet, sie hörten, Sie hörten (接Ⅰ)ich höre, du hörest, er höre, wir hören, ihr höret, sie hören, Sie hören (接Ⅱ)ich hörte, du hörtest, er hörte, wir hörten, ihr hörtet, sie hörten, Sie hörten (命令形)Hör[e]!, Hört!, Hören Sie!
(現在完了)haben ... gehört (過去完了)hatte ... gehört
(未来)werden ... hören (未来完了)werden ... gehört haben (動作受動)werden ... gehört
(接Ⅰ過去)habe ... gehört (接Ⅱ過去)hätte ... gehört

interessieren▶ (過去基本形)interessierte (過去分詞)interessiert (zu不定詞)zu interessieren (現在分詞)interessierend
(現在)ich interessiere, du interessierst, er interessiert, wir interessieren, ihr interessiert, sie interessieren, Sie interessieren (過去)ich interessierte, du interessiertest, er interessierte, wir interessierten, ihr interessiertet, sie interessierten, Sie interessierten
(接Ⅰ)ich interessiere, du interessierest, er interessiere, wir interessieren, ihr interessieret, sie interessieren, Sie interessieren (接Ⅱ)ich interessierte, du interessiertest, er interessierte, wir interessierten, ihr interessiertet, sie interessierten, Sie interessierten
(命令形)Interessier[e]!, Interessiert!, Interessieren Sie!
(現在完了)haben ... interessiert (過去完了)hatte ... interessiert (未来)werden ... interessieren
(未来完了)werden ... interessiert haben (動作受動)werden ... interessiert
(接Ⅰ過去)habe ... interessiert (接Ⅱ過去)hätte ... interessiert

kaufen▶ (過去基本形)kaufte (過去分詞)gekauft (zu不定詞)zu kaufen (現在分詞)kaufend
(現在)ich kaufe, du kaufst, er kauft, wir kaufen, ihr kauft, sie kaufen, Sie kaufen
(過去)ich kaufte, du kauftest, er kaufte, wir kauften, ihr kauftet, sie kauften, Sie kauften
(接Ⅰ)ich kaufe, du kaufest, er kaufe, wir kaufen, ihr kaufet, sie kaufen, Sie kaufen
(接Ⅱ)ich kaufte, du kauftest, er kaufte, wir kauften, ihr kauftet, sie kauften, Sie kauften
(命令形)Kauf[e]!, Kauft!, Kaufen Sie!
(現在完了)haben ... gekauft (過去完了)hatte ... gekauft (未来)werden ... kaufen
(未来完了)werden ... gekauft haben (動作受動)werden ... gekauft (状態受動)sein ... gekauft
(接Ⅰ過去)habe ... gekauft (接Ⅱ過去)hätte ... gekauft

kennen▶ (過去基本形)kannte (過去分詞)gekannt (zu不定詞)zu kennen (現在分詞)kennend
(現在)ich kenne, du kennst, er kennt, wir kennen, ihr kennt, sie kennen, Sie kennen
(過去)ich kannte, du kanntest, er kannte, wir kannten, ihr kanntet, sie kannten, Sie kannten (接Ⅰ)ich kenne, du kennest, er kenne, wir kennen, ihr kennet, sie kennen, Sie kennen (接Ⅱ)ich kennte, du kenntest, er kennte, wir kennten, ihr kenntet, sie kennten, Sie kennten (命令形)Kenn[e]!, Kennt!, Kennen Sie!
(現在完了)haben ... gekannt (過去完了)hatte ... gekannt (未来)werden ... kennen
(未来完了)werden ... gekannt haben (動作受動)werden ... gekannt (状態受動)sein ... gekannt
(接Ⅰ過去)habe ... gekannt (接Ⅱ過去)hätte ... gekannt

kochen▶ (過去基本形)kochte (過去分詞)gekocht (zu不定詞)zu kochen (現在分詞)kochend
(現在)ich koche, du kochst, er kocht, wir kochen, ihr kocht, sie kochen, Sie kochen
(過去)ich kochte, du kochtest, er kochte, wir kochten, ihr kochtet, sie kochten, Sie kochten (接Ⅰ)ich koche, du kochest, er koche, wir kochen, ihr kochet, sie kochen, Sie kochen (接Ⅱ)ich kochte, du kochtest, er kochte, wir kochten, ihr kochtet, sie kochten, Sie kochten (命令形)Koch[e]!, Kocht!, Kochen Sie!
(現在完了)haben ... gekocht (過去完了)hatte ... gekocht (未来)werden ... kochen

(未来完了)werden ... gekocht haben (動作受動)werden ... gekocht (状態受動)sein ... gekocht
(接Ⅰ過去)habe ... gekocht (接Ⅱ過去)hätte ... gekocht

kommen▶(過去基本形)**kam** (過去分詞)**gekommen** (zu不定詞)**zu kommen** (現在分詞)**kommend**
(現在)*ich* komme, *du* kommst, *er* kommt, *wir* kommen, *ihr* kommt, *sie* kommen,
Sie kommen (過去)*ich* kam, *du* kamst, *er* kam, *wir* kamen, *ihr* kamt, *sie* kamen, *Sie* kamen
(接Ⅰ)*ich* komme, *du* kommest, *er* komme, *wir* kommen, *ihr* kommet, *sie* kommen,
Sie kommen (接Ⅱ)*ich* käme, *du* kämest, *er* käme, *wir* kämen, *ihr* kämet, *sie* kämen,
Sie kämen (命令形)**Komm[e]!, Kommt!, Kommen Sie!**
(現在完了)sein ... gekommen (過去完了)war ... gekommen
(未来)werden ... kommen (未来完了)werden ... gekommen sein
(接Ⅰ過去)sei ... gekommen (接Ⅱ過去)wäre ... gekommen

kosten▶(過去基本形)**kostete** (過去分詞)**gekostet** (zu不定詞)**zu kosten** (現在分詞)**kostend**
(現在)*ich* koste, *du* kostest, *er* kostet, *wir* kosten, *ihr* kostet, *sie* kosten, *Sie* kosten
(過去)*ich* kostete, *du* kostetest, *er* kostete, *wir* kosteten, *ihr* kostetet, *sie* kosteten,
Sie kosteten (接Ⅰ)*ich* koste, *du* kostest, *er* koste, *wir* kosten, *ihr* kostet, *sie* kosten,
Sie kosten (接Ⅱ)*ich* kostete, *du* kostetest, *er* kostete, *wir* kosteten, *ihr* kostetet, *sie* kosteten,
Sie kosteten (命令形)**Kost[e]!, Kostet!, Kosten Sie!**
(現在完了)haben ... gekostet (過去完了)hatte ... gekostet (未来)werden ... kosten
(未来完了)werden ... gekostet haben (動作受動)werden ... gekostet
(接Ⅰ過去)habe ... gekostet (接Ⅱ過去)hätte ... gekostet

küssen▶(過去基本形)**küsste** (過去分詞)**geküsst** (zu不定詞)**zu küssen** (現在分詞)**küssend**
(現在)*ich* küsse, *du* küsst, *er* küsst, *wir* küssen, *ihr* küsst, *sie* küssen, *Sie* küssen
(過去)*ich* küsste, *du* küsstest, *er* küsste, *wir* küssten, *ihr* küsstet, *sie* küssten, *Sie* küssten
(接Ⅰ)*ich* küsse, *du* küssest, *er* küsse, *wir* küssen, *ihr* küsset, *sie* küssen, *Sie* küssen
(接Ⅱ)*ich* küsste, *du* küsstest, *er* küsste, *wir* küssten, *ihr* küsstet, *sie* küssten, *Sie* küssten
(命令形)**Küss[e]!, Küsst!, Küssen Sie!**
(現在完了)haben ... geküsst (過去完了)hatte ... geküsst
(未来)werden ... küssen (未来完了)werden ... geküsst haben (動作受動)werden ... geküsst
(接Ⅰ過去)habe ... geküsst (接Ⅱ過去)hätte ... geküsst

lachen▶(過去基本形)**lachte** (過去分詞)**gelacht** (zu不定詞)**zu lachen** (現在分詞)**lachend**
(現在)*ich* lache, *du* lachst, *er* lacht, *wir* lachen, *ihr* lacht, *sie* lachen, *Sie* lachen (過去)*ich* lachte,
du lachtest, *er* lachte, *wir* lachten, *ihr* lachtet, *sie* lachten, *Sie* lachten (接Ⅰ)*ich* lache, *du*
lachest, *er* lache, *wir* lachen, *ihr* lachet, *sie* lachen, *Sie* lachen (接Ⅱ)*ich* lachte, *du* lachtest, *er*
lachte, *wir* lachten, *ihr* lachtet, *sie* lachten, *Sie* lachten (命令形)**Lach[e]!, Lacht!, Lachen Sie!**
(現在完了)haben ... gelacht (過去完了)hatte ... gelacht
(未来)werden ... lachen (未来完了)werden ... gelacht haben (動作受動)werden ... gelacht
(接Ⅰ過去)habe ... gelacht (接Ⅱ過去)hätte ... gelacht

lassen▶(過去基本形)**ließ** (過去分詞)**gelassen/lassen** (zu不定詞)**zu lassen** (現在分詞)**lassend**
(現在)*ich* lasse, *du* lässt, *er* lässt, *wir* lassen, *ihr* lasst, *sie* lassen, *Sie* lassen (過去)*ich* ließ,
du ließest, *er* ließ, *wir* ließen, *ihr* ließt, *sie* ließen, *Sie* ließen (接Ⅰ)*ich* lasse, *du* lassest,
er lasse, *wir* lassen, *ihr* lasst, *sie* lassen, *Sie* lassen (接Ⅱ)*ich* ließe, *du* ließest, *er* ließe,
wir ließen, *ihr* ließet, *sie* ließen, *Sie* ließen (命令形)**Lass!, Lasst!, Lassen Sie!**
(現在完了)haben ... gelassen/lassen (過去完了)hatte ... gelassen/lassen
(未来)werden ... lassen (未来完了)werden ... gelassen/lassen haben
(動作受動)werden ... gelassen (状態受動)sein ... gelassen
(接Ⅰ過去)habe ... gelassen/lassen (接Ⅱ過去)hätte ... gelassen/lassen

laufen▶ (過去基本形)lief (過去分詞)gelaufen (zu不定詞)zu laufen (現在分詞)laufend
(現在)*ich* laufe, *du* läufst, *er* läuft, *wir* laufen, *ihr* lauft, *sie* laufen, *Sie* laufen (過去)*ich* lief, *du* lief[e]st, *er* lief, *wir* liefen, *ihr* lieft, *sie* liefen, *Sie* liefen (接Ⅰ)*ich* laufe, *du* laufest, *er* laufe, *wir* laufen, *ihr* laufet, *sie* laufen, *Sie* laufen (接Ⅱ)*ich* liefe, *du* liefest, *er* liefe, *wir* liefen, *ihr* liefet, *sie* liefen, *Sie* liefen (命令形)Lauf[e]!, Lauft!, Laufen Sie!
(現在完了)sein/haben … gelaufen (過去完了)war/hatte … gelaufen (未来)werden … laufen
(未来完了)werden … gelaufen sein/haben (動作受動)werden … gelaufen (状態受動)sein … gelaufen
(接Ⅰ過去)sei/habe … gelaufen (接Ⅱ過去)wäre/hätte … gelaufen

leben▶ (過去基本形)lebte (過去分詞)gelebt (zu不定詞)zu leben (現在分詞)lebend
(現在)*ich* lebe, *du* lebst, *er* lebt, *wir* leben, *ihr* lebt, *sie* leben, *Sie* leben (過去)*ich* lebte, *du* lebtest, *er* lebte, *wir* lebten, *ihr* lebtet, *sie* lebten, *Sie* lebten (接Ⅰ)*ich* lebe, *du* lebest, *er* lebe, *wir* leben, *ihr* lebet, *sie* leben, *Sie* leben (接Ⅱ)*ich* lebte, *du* lebtest, *er* lebte, *wir* lebten, *ihr* lebtet, *sie* lebten, *Sie* lebten (命令形)Leb[e]!, Lebt!, Leben Sie!
(現在完了)haben … gelebt (過去完了)hatte … gelebt (未来)werden … leben
(未来完了)werden … gelebt haben (動作受動)werden … gelebt (状態受動)sein … gelebt
(接Ⅰ過去)habe … gelebt (接Ⅱ過去)hätte … gelebt

legen▶ (過去基本形)legte (過去分詞)gelegt (zu不定詞)zu legen (現在分詞)legend
(現在)*ich* lege, *du* legst, *er* legt, *wir* legen, *ihr* legt, *sie* legen, *Sie* legen (過去)*ich* legte, *du* legtest, *er* legte, *wir* legten, *ihr* legtet, *sie* legten, *Sie* legten (接Ⅰ)*ich* lege, *du* legest, *er* lege, *wir* legen, *ihr* leget, *sie* legen, *Sie* legen (接Ⅱ)*ich* legte, *du* legtest, *er* legte, *wir* legten, *ihr* legtet, *sie* legten, *Sie* legten (命令形)Leg[e]!, Legt!, Legen Sie!
(現在完了)haben … gelegt (過去完了)hatte … gelegt (未来)werden … legen
(未来完了)werden … gelegt haben (動作受動)werden … gelegt (状態受動)sein … gelegt
(接Ⅰ過去)habe … gelegt (接Ⅱ過去)hätte … gelegt

lesen▶ (過去基本形)las (過去分詞)gelesen (zu不定詞)zu lesen (現在分詞)lesend
(現在)*ich* lese, *du* liest, *er* liest, *wir* lesen, *ihr* lest, *sie* lesen, *Sie* lesen (過去)*ich* las, *du* lasest, *er* las, *wir* lasen, *ihr* last, *sie* lasen, *Sie* lasen (接Ⅰ)*ich* lese, *du* lesest, *er* lese, *wir* lesen, *ihr* leset, *sie* lesen, *Sie* lesen (接Ⅱ)*ich* läse, *du* läsest, *er* läse, *wir* läsen, *ihr* läset, *sie* läsen, *Sie* läsen (命令形)Lies!, Lest!, Lesen Sie!
(現在完了)haben … gelesen (過去完了)hatte … gelesen (未来)werden … lesen
(未来完了)werden … gelesen haben (動作受動)werden … gelesen (状態受動)sein … gelesen
(接Ⅰ過去)habe … gelesen (接Ⅱ過去)hätte … gelesen

lieben▶ (過去基本形)liebte (過去分詞)geliebt (zu不定詞)zu lieben (現在分詞)liebend
(現在)*ich* liebe, *du* liebst, *er* liebt, *wir* lieben, *ihr* liebt, *sie* lieben, *Sie* lieben (過去)*ich* liebte, *du* liebtest, *er* liebte, *wir* liebten, *ihr* liebtet, *sie* liebten, *Sie* liebten (接Ⅰ)*ich* liebe, *du* liebest, *er* liebe, *wir* lieben, *ihr* liebet, *sie* lieben, *Sie* lieben (接Ⅱ)*ich* liebte, *du* liebtest, *er* liebte, *wir* liebten, *ihr* liebtet, *sie* liebten, *Sie* liebten
(命令形)Lieb[e]!, Liebt!, Lieben Sie!
(現在完了)haben … geliebt (過去完了)hatte … geliebt (未来)werden … lieben
(未来完了)werden … geliebt haben (動作受動)werden … geliebt (状態受動)sein … geliebt
(接Ⅰ過去)habe … geliebt (接Ⅱ過去)hätte … geliebt

liegen▶ (過去基本形)lag (過去分詞)gelegen (zu不定詞)zu liegen (現在分詞)liegend
(現在)*ich* liege, *du* liegst, *er* liegt, *wir* liegen, *ihr* liegt, *sie* liegen, *Sie* liegen (過去)*ich* lag, *du* lagst, *er* lag, *wir* lagen, *ihr* lagt, *sie* lagen, *Sie* lagen (接Ⅰ)*ich* liege, *du* liegest, *er* liege, *wir* liegen, *ihr* lieget, *sie* liegen, *Sie* liegen (接Ⅱ)*ich* läge, *du* lägest, *er* läge, *wir* lägen, *ihr* läget, *sie* lägen, *Sie* lägen (命令形)Lieg[e]!, Liegt!, Liegen Sie!

（現在完了）haben ... gelegen （過去完了）hatte ... gelegen （未来）werden ... liegen
（未来完了）werden ... gelegen haben （接Ⅰ過去）habe ... gelegen （接Ⅱ過去）hätte ... gelegen

machen ▶ （過去基本形）**machte** （過去分詞）**gemacht** （zu不定詞）**zu machen** （現在分詞）**machend**
（現在）*ich* **mache,** *du* **machst,** *er* **macht,** *wir* **machen,** *ihr* **macht,** *sie* **machen,** *Sie* **machen**
（過去）*ich* **machte,** *du* **machtest,** *er* **machte,** *wir* **machten,** *ihr* **machtet,** *sie* **machten,** *Sie* **machten** （接Ⅰ）*ich* **mache,** *du* **machest,** *er* **mache,** *wir* **machen,** *ihr* **machet,** *sie* **machen,** *Sie* **machen** （接Ⅱ）*ich* **machte,** *du* **machtest,** *er* **machte,** *wir* **machten,** *ihr* **machtet,** *sie* **machten,** *Sie* **machten** （命令形）**Mach[e]!, Macht!, Machen Sie!**
（現在完了）haben ... gemacht （過去完了）hatte ... gemacht （未来）werden ... machen
（未来完了）werden ... gemacht haben （動作受動）werden ... gemacht （状態受動）sein ... gemacht
（接Ⅰ過去）habe ... gemacht （接Ⅱ過去）hätte ... gemacht

nehmen ▶ （過去基本形）**nahm** （過去分詞）**genommen** （zu不定詞）**zu nehmen** （現在分詞）**nehmend**
（現在）*ich* **nehme,** *du* **nimmst,** *er* **nimmt,** *wir* **nehmen,** *ihr* **nehmt,** *sie* **nehmen,** *Sie* **nehmen**
（過去）*ich* **nahm,** *du* **nahmst,** *er* **nahm,** *wir* **nahmen,** *ihr* **nahmt,** *sie* **nahmen,** *Sie* **nahmen**
（接Ⅰ）*ich* **nehme,** *du* **nehmest,** *er* **nehme,** *wir* **nehmen,** *ihr* **nehmet,** *sie* **nehmen,** *Sie* **nehmen**
（接Ⅱ）*ich* **nähme,** *du* **nähmest,** *er* **nähme,** *wir* **nähmen,** *ihr* **nähmet,** *sie* **nähmen,** *Sie* **nähmen**
（命令形）**Nimm!, Nehmt!, Nehmen Sie!**
（現在完了）haben ... genommen （過去完了）hatte ... genommen （未来）werden ... nehmen
（未来完了）werden ... genommen haben （動作受動）werden ... genommen
（状態受動）sein ... genommen （接Ⅰ過去）habe ... genommen （接Ⅱ過去）hätte ... genommen

öffnen ▶ （過去基本形）**öffnete** （過去分詞）**geöffnet** （zu不定詞）**zu öffnen** （現在分詞）**öffnend**
（現在）*ich* **öffne,** *du* **öffnest,** *er* **öffnet,** *wir* **öffnen,** *ihr* **öffnet,** *sie* **öffnen,** *Sie* **öffnen**
（過去）*ich* **öffnete,** *du* **öffnetest,** *er* **öffnete,** *wir* **öffneten,** *ihr* **öffnetet,** *sie* **öffneten,** *Sie* **öffneten** （接Ⅰ）*ich* **öffne,** *du* **öffnest,** *er* **öffne,** *wir* **öffnen,** *ihr* **öffnet,** *sie* **öffnen,** *Sie* **öffnen** （接Ⅱ）*ich* **öffnete,** *du* **öffnetest,** *er* **öffnete,** *wir* **öffneten,** *ihr* **öffnetet,** *sie* **öffneten,** *Sie* **öffneten** （命令形）**Öffne!, Öffnet!, Öffnen Sie!**
（現在完了）haben ... geöffnet （過去完了）hatte ... geöffnet （未来）werden ... öffnen
（未来完了）werden ... geöffnet haben （動作受動）werden ... geöffnet （状態受動）sein ... geöffnet
（接Ⅰ過去）habe ... geöffnet （接Ⅱ過去）hätte ... geöffnet

parken ▶ （過去基本形）**parkte** （過去分詞）**geparkt** （zu不定詞）**zu parken** （現在分詞）**parkend**
（現在）*ich* **parke,** *du* **parkst,** *er* **parkt,** *wir* **parken,** *ihr* **parkt,** *sie* **parken,** *Sie* **parken**
（過去）*ich* **parkte,** *du* **parktest,** *er* **parkte,** *wir* **parkten,** *ihr* **parktet,** *sie* **parkten,** *Sie* **parkten**
（接Ⅰ）*ich* **parke,** *du* **parkest,** *er* **parke,** *wir* **parken,** *ihr* **parket,** *sie* **parken,** *Sie* **parken**
（接Ⅱ）*ich* **parkte,** *du* **parktest,** *er* **parkte,** *wir* **parkten,** *ihr* **parktet,** *sie* **parkten,** *Sie* **parkten**
（命令形）**Park[e]!, Parkt!, Parken Sie!**
（現在完了）haben ... geparkt （過去完了）hatte ... geparkt （未来）werden ... parken
（未来完了）werden ... geparkt haben （動作受動）werden ... geparkt （状態受動）sein ... geparkt
（接Ⅰ過去）habe ... geparkt （接Ⅱ過去）hätte ... geparkt

rauchen ▶ （過去基本形）**rauchte** （過去分詞）**geraucht** （zu不定詞）**zu rauchen** （現在分詞）**rauchend**
（現在）*ich* **rauche,** *du* **rauchst,** *er* **raucht,** *wir* **rauchen,** *ihr* **raucht,** *sie* **rauchen,** *Sie* **rauchen**
（過去）*ich* **rauchte,** *du* **rauchtest,** *er* **rauchte,** *wir* **rauchten,** *ihr* **rauchtet,** *sie* **rauchten,** *Sie* **rauchten** （接Ⅰ）*ich* **rauche,** *du* **rauchest,** *er* **rauche,** *wir* **rauchen,** *ihr* **rauchet,** *sie* **rauchen,** *Sie* **rauchen** （接Ⅱ）*ich* **rauchte,** *du* **rauchtest,** *er* **rauchte,** *wir* **rauchten,** *ihr* **rauchtet,** *sie* **rauchten,** *Sie* **rauchten** （命令形）**Rauch[e]!, Raucht!, Rauchen Sie!**
（現在完了）haben ... geraucht （過去完了）hatte ... geraucht （未来）werden ... rauchen
（未来完了）werden ... geraucht haben （動作受動）werden ... geraucht （状態受動）sein ... geraucht

(接Ⅰ過去)habe ... geraucht　(接Ⅱ過去)hätte ... geraucht

rechnen▶(過去基本形)rechnete (過去分詞)gerechnet (zu不定詞)zu rechnen (現在分詞)rechnend
(現在)*ich* rechne, *du* rechnest, *er* rechnet, *wir* rechnen, *ihr* rechnet, *sie* rechnen, *Sie* rechnen (過去)*ich* rechnete, *du* rechnetest, *er* rechnete, *wir* rechneten, *ihr* rechnetet, *sie* rechneten, *Sie* rechneten (接Ⅰ)*ich* rechne, *du* rechnest, *er* rechne, *wir* rechnen, *ihr* rechnet, *sie* rechnen, *Sie* rechnen (接Ⅱ)*ich* rechnete, *du* rechnetest, *er* rechnete, *wir* rechneten, *ihr* rechnetet, *sie* rechneten, *Sie* rechneten
(命令形)Rechne!, Rechnet!, Rechnen Sie!
(現在完了)haben ... gerechnet (過去完了)hatte ... gerechnet (未来)werden ... rechnen
(未来完了)werden ... gerechnet haben (動作受動)werden ... gerechnet (状態受動)sein ... gerechnet
(接Ⅰ過去)habe ... gerechnet (接Ⅱ過去)hätte ... gerechnet

reden▶(過去基本形)redete (過去分詞)geredet (zu不定詞)zu reden (現在分詞)redend
(現在)*ich* rede, *du* redest, *er* redet, *wir* reden, *ihr* redet, *sie* reden, *Sie* reden
(過去)*ich* redete, *du* redetest, *er* redete, *wir* redeten, *ihr* redetet, *sie* redeten, *Sie* redeten
(接Ⅰ)*ich* rede, *du* redest, *er* rede, *wir* reden, *ihr* redet, *sie* reden, *Sie* reden
(接Ⅱ)*ich* redete, *du* redetest, *er* redete, *wir* redeten, *ihr* redetet, *sie* redeten, *Sie* redeten
(命令形)Red[e]!, Redet!, Reden Sie!
(現在完了)haben ... geredet (過去完了)hatte ... geredet (未来)werden ... reden
(未来完了)werden ... geredet haben (動作受動)werden ... geredet (状態受動)sein ... geredet
(接Ⅰ過去)habe ... geredet (接Ⅱ過去)hätte ... geredet

regnen▶(過去基本形)regnete (過去分詞)geregnet (zu不定詞)zu regnen (現在分詞)regnend
(現在)*es* regnet, *sie* regnen (過去)*es* regnete, *sie* regneten (接Ⅰ)*es* regne, *sie* regnen
(接Ⅱ)*es* regnete, *sie* regneten
(現在完了)haben/sein ... geregnet (過去完了)hatte/war ... geregnet
(未来)werden ... regnen (未来完了)werden ... geregnet haben/sein
(接Ⅰ過去)habe/sei ... geregnet (接Ⅱ過去)hätte/wäre ... geregnet

reisen▶(過去基本形)reiste (過去分詞)gereist (zu不定詞)zu reisen (現在分詞)reisend
(現在)*ich* reise, *du* reist, *er* reist, *wir* reisen, *ihr* reist, *sie* reisen, *Sie* reisen (過去)*ich* reiste, *du* reistest, *er* reiste, *wir* reisten, *ihr* reistet, *sie* reisten, *Sie* reisten (接Ⅰ)*ich* reise, *du* reisest, *er* reise, *wir* reisen, *ihr* reiset, *sie* reisen, *Sie* reisen (接Ⅱ)*ich* reiste, *du* reistest, *er* reiste, *wir* reisten, *ihr* reistet, *sie* reisten, *Sie* reisten (命令形)Reis[e]!, Reist!, Reisen Sie!
(現在完了)sein ... gereist (過去完了)war ... gereist
(未来)werden ... reisen (未来完了)werden ... gereist sein (動作受動)werden ... gereist
(接Ⅰ過去)sei ... gereist (接Ⅱ過去)wäre ... gereist

rufen▶(過去基本形)rief (過去分詞)gerufen (zu不定詞)zu rufen (現在分詞)rufend
(現在)*ich* rufe, *du* rufst, *er* ruft, *wir* rufen, *ihr* ruft, *sie* rufen, *Sie* rufen (過去)*ich* rief, *du* rief[e]st, *er* rief, *wir* riefen, *ihr* rieft, *sie* riefen, *Sie* riefen (接Ⅰ)*ich* rufe, *du* rufest, *er* rufe, *wir* rufen, *ihr* rufet, *sie* rufen, *Sie* rufen (接Ⅱ)*ich* riefe, *du* riefest, *er* riefe, *wir* riefen, *ihr* riefet, *sie* riefen, *Sie* riefen (命令形)Ruf[e]!, Ruft!, Rufen Sie!
(現在完了)haben ... gerufen (過去完了)hatte ... gerufen (未来)werden ... rufen
(未来完了)werden ... gerufen haben (動作受動)werden ... gerufen (状態受動)sein ... gerufen
(接Ⅰ過去)habe ... gerufen (接Ⅱ過去)hätte ... gerufen

sagen▶(過去基本形)sagte (過去分詞)gesagt (zu不定詞)zu sagen (現在分詞)sagend
(現在)*ich* sage, *du* sagst, *er* sagt, *wir* sagen, *ihr* sagt, *sie* sagen, *Sie* sagen (過去)*ich* sagte, *du* sagtest, *er* sagte, *wir* sagten, *ihr* sagtet, *sie* sagten, *Sie* sagten (接Ⅰ)*ich* sage, *du* sagest, *er* sage, *wir* sagen, *ihr* saget, *sie* sagen, *Sie* sagen (接Ⅱ)*ich* sagte, *du* sagtest, *er* sagte,

wir **sagten**, *ihr* **sagtet**, *sie* **sagten**, *Sie* **sagten** (命令形)**Sag[e]!, Sagt!, Sagen Sie!**
(現在完了)haben ... gesagt (過去完了)hatte ... gesagt (未来)werden ... sagen
(未来完了)werden ... gesagt haben (動作受動)werden ... gesagt (状態受動)sein ... gesagt
(接Ⅰ過去)habe ... gesagt (接Ⅱ過去)hätte ... gesagt

scheinen▶(過去基本形)**schien** (過去分詞)**geschienen** (zu不定詞)**zu scheinen** (現在分詞)**scheinend**
(現在)*ich* **scheine**, *du* **scheinst**, *er* **scheint**, *wir* **scheinen**, *ihr* **scheint**, *sie* **scheinen**, *Sie* **scheinen** (過去)*ich* **schien**, *du* **schien[e]st**, *er* **schien**, *wir* **schienen**, *ihr* **schient**, *sie* **schienen**, *Sie* **schienen** (接Ⅰ)*ich* **scheine**, *du* **scheinest**, *er* **scheine**, *wir* **scheinen**, *ihr* **scheinet**, *sie* **scheinen**, *Sie* **scheinen** (接Ⅱ)*ich* **schiene**, *du* **schienest**, *er* **schiene**, *wir* **schienen**, *ihr* **schienet**, *sie* **schienen**, *Sie* **schienen**
(命令形)**Schein[e]!, Scheint!, Scheinen Sie!**
(現在完了)haben ... geschienen (過去完了)hatte ... geschienen
(未来)werden ... scheinen (未来完了)werden ... geschienen haben
(接Ⅰ過去)habe ... geschienen (接Ⅱ過去)hätte ... geschienen

schenken▶(過去基本形)**schenkte** (過去分詞)**geschenkt** (zu不定詞)**zu schenken** (現在分詞)**schenkend**
(現在)*ich* **schenke**, *du* **schenkst**, *er* **schenkt**, *wir* **schenken**, *ihr* **schenkt**, *sie* **schenken**, *Sie* **schenken** (過去)*ich* **schenkte**, *du* **schenktest**, *er* **schenkte**, *wir* **schenkten**, *ihr* **schenktet**, *sie* **schenkten**, *Sie* **schenkten** (接Ⅰ)*ich* **schenke**, *du* **schenkest**, *er* **schenke**, *wir* **schenken**, *ihr* **schenket**, *sie* **schenken**, *Sie* **schenken** (接Ⅱ)*ich* **schenkte**, *du* **schenktest**, *er* **schenkte**, *wir* **schenkten**, *ihr* **schenktet**, *sie* **schenkten**, *Sie* **schenkten**
(命令形)**Schenk[e]!, Schenkt!, Schenken Sie!**
(現在完了)haben ... geschenkt (過去完了)hatte ... geschenkt (未来)werden ... schenken
(未来完了)werden ... geschenkt haben (動作受動)werden ... geschenkt (状態受動)sein ... geschenkt
(接Ⅰ過去)habe ... geschenkt (接Ⅱ過去)hätte ... geschenkt

schicken▶(過去基本形)**schickte** (過去分詞)**geschickt** (zu不定詞)**zu schicken** (現在分詞)**schickend**
(現在)*ich* **schicke**, *du* **schickst**, *er* **schickt**, *wir* **schicken**, *ihr* **schickt**, *sie* **schicken**, *Sie* **schicken** (過去)*ich* **schickte**, *du* **schicktest**, *er* **schickte**, *wir* **schickten**, *ihr* **schicktet**, *sie* **schickten**, *Sie* **schickten** (接Ⅰ)*ich* **schicke**, *du* **schickest**, *er* **schicke**, *wir* **schicken**, *ihr* **schicket**, *sie* **schicken**, *Sie* **schicken** (接Ⅱ)*ich* **schickte**, *du* **schicktest**, *er* **schickte**, *wir* **schickten**, *ihr* **schicktet**, *sie* **schickten**, *Sie* **schickten** (命令形)**Schick[e]!, Schickt!, Schicken Sie!**
(現在完了)haben ... geschickt (過去完了)hatte ... geschickt (未来)werden ... schicken
(未来完了)werden ... geschickt haben (動作受動)werden ... geschickt (状態受動)sein ... geschickt
(接Ⅰ過去)habe ... geschickt (接Ⅱ過去)hätte ... geschickt

schlafen▶(過去基本形)**schlief** (過去分詞)**geschlafen** (zu不定詞)**zu schlafen** (現在分詞)**schlafend**
(現在)*ich* **schlafe**, *du* **schläfst**, *er* **schläft**, *wir* **schlafen**, *ihr* **schlaft**, *sie* **schlafen**, *Sie* **schlafen** (過去)*ich* **schlief**, *du* **schlief[e]st**, *er* **schlief**, *wir* **schliefen**, *ihr* **schlieft**, *sie* **schliefen**, *Sie* **schliefen** (接Ⅰ)*ich* **schlafe**, *du* **schlafest**, *er* **schlafe**, *wir* **schlafen**, *ihr* **schlafet**, *sie* **schlafen**, *Sie* **schlafen** (接Ⅱ)*ich* **schliefe**, *du* **schliefest**, *er* **schliefe**, *wir* **schliefen**, *ihr* **schliefet**, *sie* **schliefen**, *Sie* **schliefen** (命令形)**Schlaf[e]!, Schlaft!, Schlafen Sie!**
(現在完了)haben ... geschlafen (過去完了)hatte ... geschlafen (未来)werden ... schlafen
(未来完了)werden ... geschlafen haben (動作受動)werden ... geschlafen
(接Ⅰ過去)habe ... geschlafen (接Ⅱ過去)hätte ... geschlafen

schlagen▶(過去基本形)**schlug** (過去分詞)**geschlagen** (zu不定詞)**zu schlagen** (現在分詞)**schlagend**
(現在)*ich* **schlage**, *du* **schlägst**, *er* **schlägt**, *wir* **schlagen**, *ihr* **schlagt**, *sie* **schlagen**, *Sie* **schlagen** (過去)*ich* **schlug**, *du* **schlug[e]st**, *er* **schlug**, *wir* **schlugen**, *ihr* **schlugt**, *sie* **schlugen**, *Sie* **schlugen** (接Ⅰ)*ich* **schlage**, *du* **schlagest**, *er* **schlage**, *wir* **schlagen**, *ihr* **schlaget**,

sie schlagen, *Sie* schlagen （接Ⅱ）*ich* schlüge, *du* schlügest, *er* schlüge, *wir* schlügen, *ihr* schlüget, *sie* schlügen, *Sie* schlügen （命令形）Schlag[e]!, Schlagt!, Schlagen Sie!

（現在完了）haben/sein ... geschlagen （過去完了）hatte/war ... geschlagen

（未来）werden ... schlagen （未来完了）werden ... geschlagen haben/sein

（動作受動）werden ... geschlagen （状態受動）sein ... geschlagen

（接Ⅰ過去）habe/sei ... geschlagen （接Ⅱ過去）hätte/wäre ... geschlagen

schließen▶ （過去基本形）**schloss** （過去分詞）**geschlossen** （zu不定詞）**zu schließen** （現在分詞）**schließend**
（現在）*ich* schließe, *du* schließt, *er* schließt, *wir* schließen, *ihr* schließt, *sie* schließen, *Sie* schließen （過去）*ich* schloss, *du* schlossest, *er* schloss, *wir* schlossen, *ihr* schlosst, *sie* schlossen, *Sie* schlossen （接Ⅰ）*ich* schließe, *du* schließest, *er* schließe, *wir* schließen, *ihr* schließet, *sie* schließen, *Sie* schließen （接Ⅱ）*ich* schlösse, *du* schlössest, *er* schlösse, *wir* schlössen, *ihr* schlösset, *sie* schlössen, *Sie* schlössen

（命令形）Schließ[e]!, Schließt!, Schließen Sie!

（現在完了）haben ... geschlossen （過去完了）hatte ... geschlossen （未来）werden ... schließen

（未来完了）werden ... geschlossen haben （動作受動）werden ... geschlossen

（状態受動）sein ... geschlossen （接Ⅰ過去）habe ... geschlossen （接Ⅱ過去）hätte ... geschlossen

schmecken▶ （過去基本形）**schmeckte** （過去分詞）**geschmeckt** （zu不定詞）**zu schmecken** （現在分詞）schmeckend
（現在）*ich* schmecke, *du* schmeckst, *er* schmeckt, *wir* schmecken, *ihr* schmeckt, *sie* schmecken, *Sie* schmecken （過去）*ich* schmeckte, *du* schmecktest, *er* schmeckte, *wir* schmeckten, *ihr* schmecktet, *sie* schmeckten, *Sie* schmeckten （接Ⅰ）*ich* schmecke, *du* schmeckest, *er* schmecke, *wir* schmecken, *ihr* schmecket, *sie* schmecken, *Sie* schmecken （接Ⅱ）*ich* schmeckte, *du* schmecktest, *er* schmeckte, *wir* schmeckten, *ihr* schmecktet, *sie* schmeckten, *Sie* schmeckten

（命令形）Schmeck[e]!, Schmeckt!, Schmecken Sie!

（現在完了）haben ... geschmeckt （過去完了）hatte ... geschmeckt （未来）werden ... schmecken

（未来完了）werden ... geschmeckt haben （動作受動）werden ... geschmeckt

（接Ⅰ過去）habe ... geschmeckt （接Ⅱ過去）hätte ... geschmeckt

schneiden▶ （過去基本形）**schnitt** （過去分詞）**geschnitten** （zu不定詞）**zu schneiden** （現在分詞）**schneidend**
（現在）*ich* schneide, *du* schneidest, *er* schneidet, *wir* schneiden, *ihr* schneidet, *sie* schneiden, *Sie* schneiden （過去）*ich* schnitt, *du* schnitt[e]st, *er* schnitt, *wir* schnitten, *ihr* schnittet, *sie* schnitten, *Sie* schnitten （接Ⅰ）*ich* schneide, *du* schneidest, *er* schneide, *wir* schneiden, *ihr* schneidet, *sie* schneiden, *Sie* schneiden （接Ⅱ）*ich* schnitte, *du* schnittest, *er* schnitte, *wir* schnitten, *ihr* schnittet, *sie* schnitten, *Sie* schnitten

（命令形）Schneid[e]!, Schneidet!, Schneiden Sie!

（現在完了）haben ... geschnitten （過去完了）hatte ... geschnitten （未来）werden ... schneiden

（未来完了）werden ... geschnitten haben （動作受動）werden ... geschnitten

（状態受動）sein ... geschnitten （接Ⅰ過去）habe ... geschnitten （接Ⅱ過去）hätte ... geschnitten

schreiben▶ （過去基本形）**schrieb** （過去分詞）**geschrieben** （zu不定詞）**zu schreiben** （現在分詞）**schreibend**
（現在）*ich* schreibe, *du* schreibst, *er* schreibt, *wir* schreiben, *ihr* schreibt, *sie* schreiben, *Sie* schreiben （過去）*ich* schrieb, *du* schrieb[e]st, *er* schrieb, *wir* schrieben, *ihr* schriebt, *sie* schrieben, *Sie* schrieben （接Ⅰ）*ich* schreibe, *du* schreibest, *er* schreibe, *wir* schreiben, *ihr* schreibet, *sie* schreiben, *Sie* schreiben （接Ⅱ）*ich* schriebe, *du* schriebest, *er* schriebe, *wir* schrieben, *ihr* schriebet, *sie* schrieben, *Sie* schrieben

（命令形）Schreib[e]!, Schreibt!, Schreiben Sie!

（現在完了）haben ... geschrieben （過去完了）hatte ... geschrieben

（未来）werden ... schreiben （未来完了）werden ... geschrieben haben
（動作受動）werden ... geschrieben （状態受動）sein ... geschrieben
（接Ⅰ過去）habe ... geschrieben （接Ⅱ過去）hätte ... geschrieben

schwimmen▶（過去基本形）schwamm （過去分詞）geschwommen （zu不定詞）zu schwimmen （現在分詞）schwimmend
（現在）ich schwimme, du schwimmst, er schwimmt, wir schwimmen, ihr schwimmt, sie schwimmen, Sie schwimmen （過去）ich schwamm, du schwamm[e]st, er schwamm, wir schwammen, ihr schwammt, sie schwammen, Sie schwammen （接Ⅰ）ich schwimme, du schwimmest, er schwimme, wir schwimmen, ihr schwimmet, sie schwimmen, Sie schwimmen （接Ⅱ）ich schwömme/schwämme, du schwömmest/schwämmest, er schwömme/schwämme, wir schwömmen/schwämmen, ihr schwömmet/schwämmet, sie schwömmen/schwämmen, Sie schwömmen/schwämmen
（命令形）Schwimm[e]!, Schwimmt!, Schwimmen Sie!
（現在完了）sein/haben ... geschwommen （過去完了）war/hatte ... geschwommen
（未来）werden ... schwimmen （未来完了）werden ... geschwommen sein/haben
（動作受動）werden ... geschwommen （状態受動）sein ... geschwommen
（接Ⅰ過去）sei/habe ... geschwommen （接Ⅱ過去）wäre/hätte ... geschwommen

sehen▶（過去基本形）sah （過去分詞）gesehen （zu不定詞）zu sehen （現在分詞）sehend
（現在）ich sehe, du siehst, er sieht, wir sehen, ihr seht, sie sehen, Sie sehen （過去）ich sah, du sahst, er sah, wir sahen, ihr saht, sie sahen, Sie sahen （接Ⅰ）ich sehe, du sehest, er sehe, wir sehen, ihr sehet, sie sehen, Sie sehen （接Ⅱ）ich sähe, du sähest, er sähe, wir sähen, ihr sähet, sie sähen, Sie sähen （命令形）Sieh[e]!, Seht!, Sehen Sie!
（現在完了）haben ... gesehen （過去完了）hatte ... gesehen （未来）werden ... sehen
（未来完了）werden ... gesehen haben （動作受動）werden ... gesehen （状態受動）sein ... gesehen
（接Ⅰ過去）habe ... gesehen （接Ⅱ過去）hätte ... gesehen

sein▶（過去基本形）war （過去分詞）gewesen （zu不定詞）zu sein （現在分詞）seiend
（現在）ich bin, du bist, er ist, wir sind, ihr seid, sie sind, Sie sind （過去）ich war, du warst, er war, wir waren, ihr wart, sie waren, Sie waren （接Ⅰ）ich sei, du sei[e]st, er sei, wir seien, ihr seiet, sie seien, Sie seien （接Ⅱ）ich wäre, du wär[e]st, er wäre, wir wären, ihr wär[e]t, sie wären, Sie wären （命令形）Sei!, Seid!, Seien Sie!
（現在完了）sein ... gewesen （過去完了）war ... gewesen （未来）werden ... sein
（未来完了）werden ... gewesen sein （接Ⅰ過去）sei ... gewesen （接Ⅱ過去）wäre ... gewesen

setzen▶（過去基本形）setzte （過去分詞）gesetzt （zu不定詞）zu setzen （現在分詞）setzend
（現在）ich setze, du setzt, er setzt, wir setzen, ihr setzt, sie setzen, Sie setzen
（過去）ich setzte, du setztest, er setzte, wir setzten, ihr setztet, sie setzten, Sie setzten
（接Ⅰ）ich setze, du setzest, er setze, wir setzen, ihr setzet, sie setzen, Sie setzen
（接Ⅱ）ich setzte, du setztest, er setzte, wir setzten, ihr setztet, sie setzten, Sie setzten
（命令形）Setz[e]!, Setzt!, Setzen Sie!
（現在完了）haben ... gesetzt （過去完了）hatte ... gesetzt （未来）werden ... setzen
（未来完了）werden ... gesetzt haben （動作受動）werden ... gesetzt （状態受動）sein ... gesetzt
（接Ⅰ過去）habe ... gesetzt （接Ⅱ過去）hätte ... gesetzt

singen▶（過去基本形）sang （過去分詞）gesungen （zu不定詞）zu singen （現在分詞）singend
（現在）ich singe, du singst, er singt, wir singen, ihr singt, sie singen, Sie singen （過去）ich sang, du sang[e]st, er sang, wir sangen, ihr sangt, sie sangen, Sie sangen （接Ⅰ）ich singe, du singest, er singe, wir singen, ihr singet, sie singen, Sie singen （接Ⅱ）ich sänge, du sängest, er sänge, wir sängen, ihr sänget, sie sängen, Sie sängen

（命令形）Sing[e]!, Singt!, Singen Sie!
（現在完了）haben ... gesungen （過去完了）hatte ... gesungen （未来）werden ... singen
（未来完了）werden ... gesungen haben （動作受動）werden ... gesungen （状態受動）sein ... gesungen
（接Ⅰ過去）habe ... gesungen （接Ⅱ過去）hätte ... gesungen

sitzen▶（過去基本形）saß （過去分詞）gesessen （zu不定詞）zu sitzen （現在分詞）sitzend
（現在）ich sitze, du sitzt, er sitzt, wir sitzen, ihr sitzt, sie sitzen, Sie sitzen （過去）ich saß, du saßest, er saß, wir saßen, ihr saßt, sie saßen, Sie saßen （接Ⅰ）ich sitze, du sitzest, er sitze, wir sitzen, ihr sitzet, sie sitzen, Sie sitzen （接Ⅱ）ich säße, du säßest, er säße, wir säßen, ihr säßet, sie säßen, Sie säßen （命令形）Sitz[e]!, Sitzt!, Sitzen Sie!
（現在完了）haben ... gesessen （過去完了）hatte ... gesessen
（未来）werden ... sitzen （未来完了）werden ... gesessen haben （動作受動）werden ... gesessen
（接Ⅰ過去）habe ... gesessen （接Ⅱ過去）hätte ... gesessen

spielen▶（過去基本形）spielte （過去分詞）gespielt （zu不定詞）zu spielen （現在分詞）spielend
（現在）ich spiele, du spielst, er spielt, wir spielen, ihr spielt, sie spielen, Sie spielen
（過去）ich spielte, du spieltest, er spielte, wir spielten, ihr spieltet, sie spielten, Sie spielten
（接Ⅰ）ich spiele, du spielest, er spiele, wir spielen, ihr spielet, sie spielen, Sie spielen
（接Ⅱ）ich spielte, du spieltest, er spielte, wir spielten, ihr spieltet, sie spielten, Sie spielten
（命令形）Spiel[e]!, Spielt!, Spielen Sie!
（現在完了）haben ... gespielt （過去完了）hatte ... gespielt （未来）werden ... spielen
（未来完了）werden ... gespielt haben （動作受動）werden ... gespielt （状態受動）sein ... gespielt
（接Ⅰ過去）habe ... gespielt （接Ⅱ過去）hätte ... gespielt

sprechen▶（過去基本形）sprach （過去分詞）gesprochen （zu不定詞）zu sprechen （現在分詞）sprechend
（現在）ich spreche, du sprichst, er spricht, wir sprechen, ihr sprecht, sie sprechen, Sie sprechen （過去）ich sprach, du sprach[e]st, er sprach, wir sprachen, ihr spracht, sie sprachen, Sie sprachen （接Ⅰ）ich spreche, du sprechest, er spreche, wir sprechen, ihr sprechet, sie sprechen, Sie sprechen （接Ⅱ）ich spräche, du sprächest, er spräche, wir sprächen, ihr sprächet, sie sprächen, Sie sprächen
（命令形）Sprich!, Sprecht!, Sprechen Sie!
（現在完了）haben ... gesprochen （過去完了）hatte ... gesprochen （未来）werden ... sprechen
（未来完了）werden ... gesprochen haben （動作受動）werden ... gesprochen
（状態受動）sein ... gesprochen （接Ⅰ過去）habe ... gesprochen （接Ⅱ過去）hätte ... gesprochen

stehen▶（過去基本形）stand （過去分詞）gestanden （zu不定詞）zu stehen （現在分詞）stehend
（現在）ich stehe, du stehst, er steht, wir stehen, ihr steht, sie stehen, Sie stehen （過去）ich stand, du stand[e]st, er stand, wir standen, ihr standet, sie standen, Sie standen （接Ⅰ）ich stehe, du stehest, er stehe, wir stehen, ihr stehet, sie stehen, Sie stehen （接Ⅱ）ich stünde/stände, du stündest/ständest, er stünde/stände, wir stünden/ständen, ihr stündet/ständet, sie stünden/ständen, Sie stünden/ständen （命令形）Steh[e]!, Steht!, Stehen Sie!
（現在完了）haben ... gestanden （過去完了）hatte ... gestanden
（未来）werden ... stehen （未来完了）werden ... gestanden haben （動作受動）werden ... gestanden
（接Ⅰ過去）habe ... gestanden （接Ⅱ過去）hätte ... gestanden

stellen▶（過去基本形）stellte （過去分詞）gestellt （zu不定詞）zu stellen （現在分詞）stellend
（現在）ich stelle, du stellst, er stellt, wir stellen, ihr stellt, sie stellen, Sie stellen
（過去）ich stellte, du stelltest, er stellte, wir stellten, ihr stelltet, sie stellten, Sie stellten
（接Ⅰ）ich stelle, du stellest, er stelle, wir stellen, ihr stellet, sie stellen, Sie stellen
（接Ⅱ）ich stellte, du stelltest, er stellte, wir stellten, ihr stelltet, sie stellten, Sie stellten
（命令形）Stell[e]!, Stellt!, Stellen Sie!

(現在完了)haben ... gestellt (過去完了)hatte ... gestellt (未来)werden ... stellen
(未来完了)werden ... gestellt haben (動作受動)werden ... gestellt (状態受動)sein ... gestellt
(接Ⅰ過去)habe ... gestellt (接Ⅱ過去)hätte ... gestellt

studieren ▶ (過去基本形)studierte (過去分詞)studiert (zu不定詞)zu studieren (現在分詞)studierend
(現在)*ich* **studiere**, *du* **studierst**, *er* **studiert**, *wir* **studieren**, *ihr* **studiert**, *sie* **studieren**, *Sie* **studieren** (過去)*ich* **studierte**, *du* **studiertest**, *er* **studierte**, *wir* **studierten**, *ihr* **studiertet**, *sie* **studierten**, *Sie* **studierten** (接Ⅰ)*ich* **studiere**, *du* **studierest**, *er* **studiere**, *wir* **studieren**, *ihr* **studieret**, *sie* **studieren**, *Sie* **studieren** (接Ⅱ)*ich* **studierte**, *du* **studiertest**, *er* **studierte**, *wir* **studierten**, *ihr* **studiertet**, *sie* **studierten**, *Sie* **studierten**
(命令形)**Studier[e]!, Studiert!, Studieren Sie!**
(現在完了)haben ... studiert (過去完了)hatte ... studiert
(未来)werden ... studieren (未来完了)werden ... studiert haben (動作受動)werden ... studiert
(接Ⅰ過去)habe ... studiert (接Ⅱ過去)hätte ... studiert

suchen ▶ (過去基本形)suchte (過去分詞)gesucht (zu不定詞)zu suchen (現在分詞)suchend
(現在)*ich* **suche**, *du* **suchst**, *er* **sucht**, *wir* **suchen**, *ihr* **sucht**, *sie* **suchen**, *Sie* **suchen**
(過去)*ich* **suchte**, *du* **suchtest**, *er* **suchte**, *wir* **suchten**, *ihr* **suchtet**, *sie* **suchten**, *Sie* **suchten**
(接Ⅰ)*ich* **suche**, *du* **suchest**, *er* **suche**, *wir* **suchen**, *ihr* **suchet**, *sie* **suchen**, *Sie* **suchen**
(接Ⅱ)*ich* **suchte**, *du* **suchtest**, *er* **suchte**, *wir* **suchten**, *ihr* **suchtet**, *sie* **suchten**, *Sie* **suchten**
(命令形)**Such[e]! Sucht!, Suchen Sie!**
(現在完了)haben ... gesucht (過去完了)hatte ... gesucht (未来)werden ... suchen
(未来完了)werden ... gesucht haben (動作受動)werden ... gesucht (状態受動)sein ... gesucht
(接Ⅰ過去)habe ... gesucht (接Ⅱ過去)hätte ... gesucht

tanzen ▶ (過去基本形)tanzte (過去分詞)getanzt (zu不定詞)zu tanzen (現在分詞)tanzend
(現在)*ich* **tanze**, *du* **tanzt**, *er* **tanzt**, *wir* **tanzen**, *ihr* **tanzt**, *sie* **tanzen**, *Sie* **tanzen**
(過去)*ich* **tanzte**, *du* **tanztest**, *er* **tanzte**, *wir* **tanzten**, *ihr* **tanztet**, *sie* **tanzten**, *Sie* **tanzten**
(接Ⅰ)*ich* **tanze**, *du* **tanzest**, *er* **tanze**, *wir* **tanzen**, *ihr* **tanzet**, *sie* **tanzen**, *Sie* **tanzen**
(接Ⅱ)*ich* **tanzte**, *du* **tanztest**, *er* **tanzte**, *wir* **tanzten**, *ihr* **tanztet**, *sie* **tanzten**, *Sie* **tanzten**
(命令形)**Tanz[e]!, Tanzt!, Tanzen Sie!**
(現在完了)haben/sein ... getanzt (過去完了)hatte/war ... getanzt (未来)werden ... tanzen
(未来完了)werden ... getanzt haben/sein (動作受動)werden ... getanzt (状態受動)sein ... getanzt
(接Ⅰ過去)habe/sei ... getanzt (接Ⅱ過去)hätte/wäre ... getanzt

telefonieren ▶ (過去基本形)telefonierte (過去分詞)telefoniert (zu不定詞)zu telefonieren (現在分詞)telefonierend
(現在)*ich* **telefoniere**, *du* **telefonierst**, *er* **telefoniert**, *wir* **telefonieren**, *ihr* **telefoniert**, *sie* **telefonieren**, *Sie* **telefonieren** (過去)*ich* **telefonierte**, *du* **telefoniertest**, *er* **telefonierte**, *wir* **telefonierten**, *ihr* **telefoniertet**, *sie* **telefonierten**, *Sie* **telefonierten** (接Ⅰ)*ich* **telefoniere**, *du* **telefonierest**, *er* **telefoniere**, *wir* **telefonieren**, *ihr* **telefonieret**, *sie* **telefonieren**, *Sie* **telefonieren** (接Ⅱ)*ich* **telefonierte**, *du* **telefoniertest**, *er* **telefonierte**, *wir* **telefonierten**, *ihr* **telefoniertet**, *sie* **telefonierten**, *Sie* **telefonierten**
(命令形)**Telefonier[e]!, Telefoniert!, Telefonieren Sie!**
(現在完了)haben ... telefoniert (過去完了)hatte ... telefoniert (未来)werden ... telefonieren
(未来完了)werden ... telefoniert haben (動作受動)werden ... telefoniert
(接Ⅰ過去)habe ... telefoniert (接Ⅱ過去)hätte ... telefoniert

tragen ▶ (過去基本形)trug (過去分詞)getragen (zu不定詞)zu tragen (現在分詞)tragend
(現在)*ich* **trage**, *du* **trägst**, *er* **trägt**, *wir* **tragen**, *ihr* **tragt**, *sie* **tragen**, *Sie* **tragen** (過去)*ich* **trug**, *du* **trugst**, *er* **trug**, *wir* **trugen**, *ihr* **trugt**, *sie* **trugen**, *Sie* **trugen** (接Ⅰ)*ich* **trage**, *du* **tragest**,

er trage, *wir* tragen, *ihr* traget, *sie* tragen, *Sie* tragen （接Ⅱ）*ich* trüge, *du* trügest, *er* trüge, *wir* trügen, *ihr* trüget, *sie* trügen, *Sie* trügen （命令形）Trag[e]!, Tragt!, Tragen Sie!
（現在完了）haben ... getragen （過去完了）hatte ... getragen （未来）werden ... tragen
（未来完了）werden ... getragen haben （動作受動）werden ... getragen （状態受動）sein ... getragen
（接Ⅰ過去）habe ... getragen （接Ⅱ過去）hätte ... getragen

treffen▶（過去基本形）**traf** （過去分詞）**getroffen** （zu不定詞）**zu treffen** （現在分詞）**treffend**
（現在）*ich* treffe, *du* triffst, *er* trifft, *wir* treffen, *ihr* trefft, *sie* treffen, *Sie* treffen （過去）*ich* traf, *du* traf[e]st, *er* traf, *wir* trafen, *ihr* traft, *sie* trafen, *Sie* trafen （接Ⅰ）*ich* treffe, *du* treffest, *er* treffe, *wir* treffen, *ihr* treffet, *sie* treffen, *Sie* treffen （接Ⅱ）*ich* träfe, *du* träfest, *er* träfe, *wir* träfen, *ihr* träfet, *sie* träfen, *Sie* träfen （命令形）Triff!, Trefft!, Treffen Sie!
（現在完了）haben/sein ... getroffen （過去完了）hatte/war ... getroffen （未来）werden ... treffen
（未来完了）werden ... getroffen haben/sein （動作受動）werden ... getroffen （状態受動）sein ... getroffen
（接Ⅰ過去）habe/sei ... getroffen （接Ⅱ過去）hätte/wäre ... getroffen

trinken▶（過去基本形）**trank** （過去分詞）**getrunken** （zu不定詞）**zu trinken** （現在分詞）**trinkend**
（現在）*ich* trinke, *du* trinkst, *er* trinkt, *wir* trinken, *ihr* trinkt, *sie* trinken, *Sie* trinken
（過去）*ich* trank, *du* trank[e]st, *er* trank, *wir* tranken, *ihr* trankt, *sie* tranken, *Sie* tranken
（接Ⅰ）*ich* trinke, *du* trinkest, *er* trinke, *wir* trinken, *ihr* trinket, *sie* trinken, *Sie* trinken
（接Ⅱ）*ich* tränke, *du* tränkest, *er* tränke, *wir* tränken, *ihr* tränket, *sie* tränken, *Sie* tränken
（命令形）Trink[e]!, Trinkt!, Trinken Sie!
（現在完了）haben ... getrunken （過去完了）hatte ... getrunken （未来）werden ... trinken
（未来完了）werden ... getrunken haben （動作受動）werden ... getrunken
（状態受動）sein ... getrunken （接Ⅰ過去）habe ... getrunken （接Ⅱ過去）hätte ... getrunken

tun▶（過去基本形）**tat** （過去分詞）**getan** （zu不定詞）**zu tun** （現在分詞）**tuend**
（現在）*ich* tue, *du* tust, *er* tut, *wir* tun, *ihr* tut, *sie* tun, *Sie* tun （過去）*ich* tat, *du* tat[e]st, *er* tat, *wir* taten, *ihr* tatet, *sie* taten, *Sie* taten （接Ⅰ）*ich* tue, *du* tuest, *er* tue, *wir* tuen, *ihr* tuet, *sie* tuen, *Sie* tuen （接Ⅱ）*ich* täte, *du* tätest, *er* täte, *wir* täten, *ihr* tätet, *sie* täten, *Sie* täten
（命令形）Tu[e]!, Tut!, Tun Sie!
（現在完了）haben ... getan （過去完了）hatte ... getan （未来）werden ... tun
（未来完了）werden ... getan haben （動作受動）werden ... getan （状態受動）sein ... getan
（接Ⅰ過去）habe ... getan （接Ⅱ過去）hätte ... getan

übersetzen▶（過去基本形）**übersetzte** （過去分詞）**übersetzt** （zu不定詞）**zu übersetzen** （現在分詞）übersetzend
（現在）*ich* übersetze, *du* übersetzt, *er* übersetzt, *wir* übersetzen, *ihr* übersetzt, *sie* übersetzen, *Sie* übersetzen （過去）*ich* übersetzte, *du* übersetztest, *er* übersetzte, *wir* übersetzten, *ihr* übersetztet, *sie* übersetzten, *Sie* übersetzten （接Ⅰ）*ich* übersetze, *du* übersetzest, *er* übersetze, *wir* übersetzen, *ihr* übersetzet, *sie* übersetzen, *Sie* übersetzen （接Ⅱ）*ich* übersetzte, *du* übersetztest, *er* übersetzte, *wir* übersetzten, *ihr* übersetztet, *sie* übersetzten, *Sie* übersetzten
（命令形）Übersetz[e]!, Übersetzt!, Übersetzen Sie!
（現在完了）haben ... übersetzt （過去完了）hatte ... übersetzt （未来）werden ... übersetzen
（未来完了）werden ... übersetzt haben （動作受動）werden ... übersetzt （状態受動）sein ... übersetzt
（接Ⅰ過去）habe ... übersetzt （接Ⅱ過去）hätte ... übersetzt

vergessen▶（過去基本形）**vergaß** （過去分詞）**vergessen** （zu不定詞）**zu vergessen** （現在分詞）**vergessend**
（現在）*ich* vergesse, *du* vergisst, *er* vergisst, *wir* vergessen, *ihr* vergesst, *sie* vergessen, *Sie* vergessen （過去）*ich* vergaß, *du* vergaßest, *er* vergaß, *wir* vergaßen, *ihr* vergaßt, *sie* vergaßen, *Sie* vergaßen （接Ⅰ）*ich* vergesse, *du* vergessest, *er* vergesse, *wir* vergessen,

[解答] 基本動詞

ihr **vergesset,** *sie* **vergessen,** *Sie* **vergessen** (接Ⅱ)*ich* **vergäße,** *du* **vergäßest,** *er* **vergäße,** *wir* **vergäßen,** *ihr* **vergäßet,** *sie* **vergäßen,** *Sie* **vergäßen**
(命令形)**Vergiss!, Vergesst!, Vergessen Sie!**
(現在完了)haben ... vergessen (過去完了)hatte ... vergessen (未来)werden ... vergessen
(未来完了)werden ... vergessen haben (動作受動)werden ... vergessen (状態受動)sein ... vergessen
(接Ⅰ過去)habe ... vergessen (接Ⅱ過去)hätte ... vergessen

verkaufen▶ (過去基本形)**verkaufte** (過去分詞)**verkauft** (zu不定詞)**zu verkaufen** (現在分詞)**verkaufend**
(現在)*ich* **verkaufe,** *du* **verkaufst,** *er* **verkauft,** *wir* **verkaufen,** *ihr* **verkauft,** *sie* **verkaufen,** *Sie* **verkaufen** (過去)*ich* **verkaufte,** *du* **verkauftest,** *er* **verkaufte,** *wir* **verkauften,** *ihr* **verkauftet,** *sie* **verkauften,** *Sie* **verkauften** (接Ⅰ)*ich* **verkaufe,** *du* **verkaufest,** *er* **verkaufe,** *wir* **verkaufen,** *ihr* **verkaufet,** *sie* **verkaufen,** *Sie* **verkaufen** (接Ⅱ)*ich* **verkaufte,** *du* **verkauftest,** *er* **verkaufte,** *wir* **verkauften,** *ihr* **verkauftet,** *sie* **verkauften,** *Sie* **verkauften**
(命令形)**Verkauf[e]!, Verkauft!, Verkaufen Sie!**
(現在完了)haben ... verkauft (過去完了)hatte ... verkauft (未来)werden ... verkaufen
(未来完了)werden ... verkauft haben (動作受動)werden ... verkauft (状態受動)sein ... verkauft
(接Ⅰ過去)habe ... verkauft (接Ⅱ過去)hätte ... verkauft

verstehen▶ (過去基本形)**verstand** (過去分詞)**verstanden** (zu不定詞)**zu verstehen** (現在分詞)**verstehend**
(現在)*ich* **verstehe,** *du* **verstehst,** *er* **versteht,** *wir* **verstehen,** *ihr* **versteht,** *sie* **verstehen,** *Sie* **verstehen** (過去)*ich* **verstand,** *du* **verstand[e]st,** *er* **verstand,** *wir* **verstanden,** *ihr* **verstandet,** *sie* **verstanden,** *Sie* **verstanden** (接Ⅰ)*ich* **verstehe,** *du* **verstehest,** *er* **verstehe,** *wir* **verstehen,** *ihr* **verstehet,** *sie* **verstehen,** *Sie* **verstehen**
(接Ⅱ)*ich* **verstünde/verstände,** *du* **verstündest/verständest,** *er* **verstünde/verstände,** *wir* **verstünden/verständen,** *ihr* **verstündet/verständet,** *sie* **verstünden/verständen,** *Sie* **verstünden/verständen** (命令形)**Versteh[e]!, Versteht!, Verstehen Sie!**
(現在完了)haben ... verstanden (過去完了)hatte ... verstanden
(未来)werden ... verstehen (未来完了)werden ... verstanden haben
(動作受動)werden ... verstanden (状態受動)sein ... verstanden
(接Ⅰ過去)habe ... verstanden (接Ⅱ過去)hätte ... verstanden

warten▶ (過去基本形)**wartete** (過去分詞)**gewartet** (zu不定詞)**zu warten** (現在分詞)**wartend**
(現在)*ich* **warte,** *du* **wartest,** *er* **wartet,** *wir* **warten,** *ihr* **wartet,** *sie* **warten,** *Sie* **warten** (過去)*ich* **wartete,** *du* **wartetest,** *er* **wartete,** *wir* **warteten,** *ihr* **wartetet,** *sie* **warteten,** *Sie* **warteten** (接Ⅰ)*ich* **warte,** *du* **wartest,** *er* **warte,** *wir* **warten,** *ihr* **wartet,** *sie* **warten,** *Sie* **warten** (接Ⅱ)*ich* **wartete,** *du* **wartetest,** *er* **wartete,** *wir* **warteten,** *ihr* **wartetet,** *sie* **warteten,** *Sie* **warteten** (命令形)**Warte!, Wartet!, Warten Sie!**
(現在完了)haben ... gewartet (過去完了)hatte ... gewartet (未来)werden ... warten
(未来完了)werden ... gewartet haben (動作受動)werden ... gewartet (状態受動)sein ... gewartet
(接Ⅰ過去)habe ... gewartet (接Ⅱ過去)hätte ... gewartet

waschen▶ (過去基本形)**wusch** (過去分詞)**gewaschen** (zu不定詞)**zu waschen** (現在分詞)**waschend**
(現在)*ich* **wasche,** *du* **wäschst,** *er* **wäscht,** *wir* **waschen,** *ihr* **wascht,** *sie* **waschen,** *Sie* **waschen** (過去)*ich* **wusch,** *du* **wusch[e]st,** *er* **wusch,** *wir* **wuschen,** *ihr* **wuscht,** *sie* **wuschen,** *Sie* **wuschen** (接Ⅰ)*ich* **wasche,** *du* **waschest,** *er* **wasche,** *wir* **waschen,** *ihr* **waschet,** *sie* **waschen,** *Sie* **waschen** (接Ⅱ)*ich* **wüsche,** *du* **wüschest,** *er* **wüsche,** *wir* **wüschen,** *ihr* **wüschet,** *sie* **wüschen,** *Sie* **wüschen** (命令形)**Wasch[e]!, Wascht!, Waschen Sie!**
(現在完了)haben/sein ... gewaschen (過去完了)hatte/war ... gewaschen
(未来)werden ... waschen (未来完了)werden ... gewaschen haben/sein

(動作受動)werden … gewaschen (状態受動)sein … gewaschen
(接Ⅰ過去)habe/sei … gewaschen (接Ⅱ過去)hätte/wäre … gewaschen

weinen▶ (過去基本形)**weinte** (過去分詞)**geweint** (zu不定詞)**zu weinen** (現在分詞)**weinend**
(現在)ich **weine**, du **weinst**, er **weint**, wir **weinen**, ihr **weint**, sie **weinen**, Sie **weinen**
(過去)ich **weinte**, du **weintest**, er **weinte**, wir **weinten**, ihr **weintet**, sie **weinten**, Sie **weinten** (接Ⅰ)ich **weine**, du **weinest**, er **weine**, wir **weinen**, ihr **weinet**, sie **weinen**, Sie **weinen** (接Ⅱ)ich **weinte**, du **weintest**, er **weinte**, wir **weinten**, ihr **weintet**, sie **weinten**, Sie **weinten** (命令形)**Wein[e]!, Weint!, Weinen Sie!**
(現在完了)haben … geweint (過去完了)hatte … geweint (未来)werden … weinen
(未来完了)werden … geweint haben (動作受動)werden … geweint (状態受動)sein … geweint
(接Ⅰ過去)habe … geweint (接Ⅱ過去)hätte … geweint

werden▶ (過去基本形)**wurde** (過去分詞)**geworden/worden** (zu不定詞)**zu werden** (現在分詞)**werdend**
(現在)ich **werde**, du **wirst**, er **wird**, wir **werden**, ihr **werdet**, sie **werden**, Sie **werden**
(過去)ich **wurde**, du **wurdest**, er **wurde**, wir **wurden**, ihr **wurdet**, sie **wurden**, Sie **wurden**
(接Ⅰ)ich **werde**, du **werdest**, er **werde**, wir **werden**, ihr **werdet**, sie **werden**, Sie **werden**
(接Ⅱ)ich **würde**, du **würdest**, er **würde**, wir **würden**, ihr **würdet**, sie **würden**, Sie **würden**
(命令形)**Werd[e]!, Werdet!, Werden Sie!**
(現在完了)sein … geworden/worden (過去完了)war … geworden/worden
(未来)werden … werden (未来完了)werden … geworden/worden sein
(接Ⅰ過去)sei … geworden/worden (接Ⅱ過去)wäre … geworden/worden

werfen▶ (過去基本形)**warf** (過去分詞)**geworfen** (zu不定詞)**zu werfen** (現在分詞)**werfend**
(現在)ich **werfe**, du **wirfst**, er **wirft**, wir **werfen**, ihr **werft**, sie **werfen**, Sie **werfen**
(過去)ich **warf**, du **warf[e]st**, er **warf**, wir **warfen**, ihr **warft**, sie **warfen**, Sie **warfen**
(接Ⅰ)ich **werfe**, du **werfest**, er **werfe**, wir **werfen**, ihr **werfet**, sie **werfen**, Sie **werfen**
(接Ⅱ)ich **würfe**, du **würfest**, er **würfe**, wir **würfen**, ihr **würfet**, sie **würfen**, Sie **würfen**
(命令形)**Wirf!, Werft!, Werfen Sie!**
(現在完了)haben … geworfen (過去完了)hatte … geworfen (未来)werden … werfen
(未来完了)werden … geworfen haben (動作受動)werden … geworfen (状態受動)sein … geworfen
(接Ⅰ過去)habe … geworfen (接Ⅱ過去)hätte … geworfen

wissen▶ (過去基本形)**wusste** (過去分詞)**gewusst** (zu不定詞)**zu wissen** (現在分詞)**wissend**
(現在)ich **weiß**, du **weißt**, er **weiß**, wir **wissen**, ihr **wisst**, sie **wissen**, Sie **wissen**
(過去)ich **wusste**, du **wusstest**, er **wusste**, wir **wussten**, ihr **wusstet**, sie **wussten**, Sie **wussten**
(接Ⅰ)ich **wisse**, du **wissest**, er **wisse**, wir **wissen**, ihr **wisset**, sie **wissen**, Sie **wissen**
(接Ⅱ)ich **wüsste**, du **wüsstest**, er **wüsste**, wir **wüssten**, ihr **wüsstet**, sie **wüssten**, Sie **wüssten**
(命令形)**Wisse!, Wisst!, Wissen Sie!**
(現在完了)haben … gewusst (過去完了)hatte … gewusst (未来)werden … wissen
(未来完了)werden … gewusst haben (接Ⅰ過去)habe … gewusst (接Ⅱ過去)hätte … gewusst

wohnen▶ (過去基本形)**wohnte** (過去分詞)**gewohnt** (zu不定詞)**zu wohnen** (現在分詞)**wohnend**
(現在)ich **wohne**, du **wohnst**, er **wohnt**, wir **wohnen**, ihr **wohnt**, sie **wohnen**, Sie **wohnen**
(過去)ich **wohnte**, du **wohntest**, er **wohnte**, wir **wohnten**, ihr **wohntet**, sie **wohnten**, Sie **wohnten** (接Ⅰ)ich **wohne**, du **wohnest**, er **wohne**, wir **wohnen**, ihr **wohnet**, sie **wohnen**, Sie **wohnen** (接Ⅱ)ich **wohnte**, du **wohntest**, er **wohnte**, wir **wohnten**, ihr **wohntet**, sie **wohnten**, Sie **wohnten** (命令形)**Wohn[e]!, Wohnt!, Wohnen Sie!**
(現在完了)haben … gewohnt (過去完了)hatte … gewohnt
(未来)werden … wohnen (未来完了)werden … gewohnt haben (動作受動)werden … gewohnt
(接Ⅰ過去)habe … gewohnt (接Ⅱ過去)hätte … gewohnt

wünschen▶ (過去基本形)wünschte (過去分詞)gewünscht (zu不定詞)zu wünschen (現在分詞)wünschend
(現在)ich wünsche, du wünschst, er wünscht, wir wünschen, ihr wünscht, sie wünschen, Sie wünschen (過去)ich wünschte, du wünschtest, er wünschte, wir wünschten, ihr wünschtet, sie wünschten, Sie wünschten (接Ⅰ)ich wünsche, du wünschest, er wünsche, wir wünschen, ihr wünschet, sie wünschen, Sie wünschen (接Ⅱ)ich wünschte, du wünschtest, er wünschte, wir wünschten, ihr wünschtet, sie wünschten, Sie wünschten
(命令形)Wünsch[e]!, Wünscht!, Wünschen Sie!
(現在完了)haben ... gewünscht (過去完了)hatte ... gewünscht (未来)werden ... wünschen
(未来完了)werden ... gewünscht haben (動作受動)werden ... gewünscht (状態受動)sein ... gewünscht
(接Ⅰ過去)habe ... gewünscht (接Ⅱ過去)hätte ... gewünscht

zahlen▶ (過去基本形)zahlte (過去分詞)gezahlt (zu不定詞)zu zahlen (現在分詞)zahlend
(現在)ich zahle, du zahlst, er zahlt, wir zahlen, ihr zahlt, sie zahlen, Sie zahlen
(過去)ich zahlte, du zahltest, er zahlte, wir zahlten, ihr zahltet, sie zahlten, Sie zahlten
(接Ⅰ)ich zahle, du zahlest, er zahle, wir zahlen, ihr zahlet, sie zahlen, Sie zahlen
(接Ⅱ)ich zahlte, du zahltest, er zahlte, wir zahlten, ihr zahltet, sie zahlten, Sie zahlten
(命令形)Zahl[e]!, Zahlt!, Zahlen Sie!
(現在完了)haben ... gezahlt (過去完了)hatte ... gezahlt (未来)werden ... zahlen
(未来完了)werden ... gezahlt haben (動作受動)werden ... gezahlt (状態受動)sein ... gezahlt
(接Ⅰ過去)habe ... gezahlt (接Ⅱ過去)hätte ... gezahlt

zeigen▶ (過去基本形)zeigte (過去分詞)gezeigt (zu不定詞)zu zeigen (現在分詞)zeigend
(現在)ich zeige, du zeigst, er zeigt, wir zeigen, ihr zeigt, sie zeigen, Sie zeigen
(過去)ich zeigte, du zeigtest, er zeigte, wir zeigten, ihr zeigtet, sie zeigten, Sie zeigten
(接Ⅰ)ich zeige, du zeigest, er zeige, wir zeigen, ihr zeiget, sie zeigen, Sie zeigen
(接Ⅱ)ich zeigte, du zeigtest, er zeigte, wir zeigten, ihr zeigtet, sie zeigten, Sie zeigten
(命令形)Zeig[e]!, Zeigt!, Zeigen Sie!
(現在完了)haben ... gezeigt (過去完了)hatte ... gezeigt (未来)werden ... zeigen
(未来完了)werden ... gezeigt haben (動作受動)werden ... gezeigt (状態受動)sein ... gezeigt
(接Ⅰ過去)habe ... gezeigt (接Ⅱ過去)hätte ... gezeigt

ziehen▶ (過去基本形)zog (過去分詞)gezogen (zu不定詞)zu ziehen (現在分詞)ziehend
(現在)ich ziehe, du ziehst, er zieht, wir ziehen, ihr zieht, sie ziehen, Sie ziehen
(過去)ich zog, du zog[e]st, er zog, wir zogen, ihr zogt, sie zogen, Sie zogen (接Ⅰ)ich ziehe, du ziehest, er ziehe, wir ziehen, ihr ziehet, sie ziehen, Sie ziehen (接Ⅱ)ich zöge, du zögest, er zöge, wir zögen, ihr zöget, sie zögen, Sie zögen (命令形)Zieh[e]!, Zieht!, Ziehen Sie!
(現在完了)haben/sein ... gezogen (過去完了)hatte/war ... gezogen (未来)werden ... ziehen
(未来完了)werden ... gezogen haben/sein (動作受動)werden ... gezogen (状態受動)sein ... gezogen
(接Ⅰ過去)habe/sei ... gezogen (接Ⅱ過去)hätte/wäre ... gezogen

abfahren▶ (過去基本形)fuhr ... ab (過去分詞)abgefahren (zu不定詞)abzufahren (現在分詞)abfahrend
(現在)ich fahre ... ab, du fährst ... ab, er fährt ... ab, wir fahren ... ab, ihr fahrt ... ab, sie fahren ... ab, Sie fahren ... ab (過去)ich fuhr ... ab, du fuhr[e]st ... ab, er fuhr ... ab, wir fuhren ... ab, ihr fuhrt ... ab, sie fuhren ... ab, Sie fuhren ... ab (接Ⅰ)ich fahre ... ab, du fahrest ... ab, er fahre ... ab, wir fahren ... ab, ihr fahret ... ab, sie fahren ... ab, Sie fahren ... ab (接Ⅱ)ich führe ... ab, du führest ... ab, er führe ... ab, wir führen ... ab, ihr führet ... ab, sie führen ... ab, Sie führen ... ab

（命令形）Fahr[e] ... ab!, Fahrt ... ab!, Fahren Sie ... ab!
（現在完了）sein/haben ... abgefahren （過去完了）war/hatte ... abgefahren
（未来）werden ... abfahren （未来完了）werden ... abgefahren sein/haben
（動作受動）werden ... abgefahren （状態受動）sein ... abgefahren
（接Ⅰ過去）sei/habe ... abgefahren （接Ⅱ過去）wäre/hätte ... abgefahren

anfangen ▶ （過去基本形）fing ... an （過去分詞）angefangen （zu不定詞）anzufangen （現在分詞）anfangend
（現在）*ich* fange ... an, *du* fängst ... an, *er* fängt ... an, *wir* fangen ... an, *ihr* fangt ... an, *sie* fangen ... an, *Sie* fangen ... an （過去）*ich* fing ... an, *du* fingst ... an, *er* fing ... an, *wir* fingen ... an, *ihr* fingt ... an, *sie* fingen ... an, *Sie* fingen ... an （接Ⅰ）*ich* fange ... an, *du* fangest ... an, *er* fange ... an, *wir* fangen ... an, *ihr* fanget ... an, *sie* fangen ... an, *Sie* fangen ... an （接Ⅱ）*ich* finge ... an, *du* fingest ... an, *er* finge ... an, *wir* fingen ... an, *ihr* finget ... an, *sie* fingen ... an, *Sie* fingen ... an （命令形）Fang[e] ... an!, Fangt ... an!, Fangen Sie ... an!
（現在完了）haben ... angefangen （過去完了）hatte ... angefangen
（未来）werden ... anfangen （未来完了）werden ... angefangen haben
（動作受動）werden ... angefangen （状態受動）sein ... angefangen
（接Ⅰ過去）habe ... angefangen （接Ⅱ過去）hätte ... angefangen

ankommen ▶ （過去基本形）kam ... an （過去分詞）angekommen （zu不定詞）anzukommen （現在分詞）ankommend
（現在）*ich* komme ... an, *du* kommst ... an, *er* kommt ... an, *wir* kommen ... an, *ihr* kommt ... an, *sie* kommen ... an, *Sie* kommen ... an （過去）*ich* kam ... an, *du* kamst ...an, *er* kam ... an, *wir* kamen ... an, *ihr* kamt ... an, *sie* kamen ... an, *Sie* kamen ... an （接Ⅰ）*ich* komme ... an, *du* kommest ... an, *er* komme ... an, *wir* kommen ... an, *ihr* kommet ... an, *sie* kommen ... an, *Sie* kommen ... an （接Ⅱ）*ich* käme ... an, *du* kämest ... an, *er* käme ... an, *wir* kämen ... an, *ihr* kämet ... an, *sie* kämen ... an, *Sie* kämen ... an
（命令形）Komm[e] ... an!, Kommt ... an!, Kommen Sie ... an!
（現在完了）sein ... angekommen （過去完了）war ... angekommen （未来）werden ... ankommen
（未来完了）werden ... angekommen sein （動作受動）werden ... angekommen
（接Ⅰ過去）sei ... angekommen （接Ⅱ過去）wäre ... angekommen

anrufen ▶ （過去基本形）rief ... an （過去分詞）angerufen （zu不定詞）anzurufen （現在分詞）anrufend
（現在）*ich* rufe ... an, *du* rufst ... an, *er* ruft ... an, *wir* rufen ... an, *ihr* ruft ... an, *sie* rufen ... an, *Sie* rufen ... an （過去）*ich* rief ... an, *du* rief[e]st ... an, *er* rief ... an, *wir* riefen ... an, *ihr* rieft ... an, *sie* riefen ... an, *Sie* riefen ... an （接Ⅰ）*ich* rufe ... an, *du* rufest ... an, *er* rufe ... an, *wir* rufen ... an, *ihr* rufet ...an, *sie* rufen ... an, *Sie* rufen ... an （接Ⅱ）*ich* riefe ... an, *du* riefest ... an, *er* riefe ... an, *wir* riefen ... an, *ihr* riefet ... an, *sie* riefen ... an, *Sie* riefen ... an （命令形）Ruf[e] ... an!, Ruft ... an!, Rufen Sie ... an!
（現在完了）haben ... angerufen （過去完了）hatte ... angerufen
（未来）werden ... anrufen （未来完了）werden ... angerufen haben （動作受動）werden ... angerufen
（接Ⅰ過去）habe ... angerufen （接Ⅱ過去）hätte ... angerufen

anziehen ▶ （過去基本形）zog ... an （過去分詞）angezogen （zu不定詞）anzuziehen （現在分詞）anziehend
（現在）*ich* ziehe ... an, *du* ziehst ... an, *er* zieht ... an, *wir* ziehen ... an, *ihr* zieht ... an, *sie* ziehen ... an, *Sie* ziehen ... an （過去）*ich* zog ... an, *du* zog[e]st ... an, *er* zog ... an, *wir* zogen ... an, *ihr* zogt ... an, *sie* zogen ... an, *Sie* zogen ... an （接Ⅰ）*ich* ziehe ... an, *du* ziehest ... an, *er* ziehe ... an, *wir* ziehen ... an, *ihr* ziehet ... an, *sie* ziehen ... an, *Sie* ziehen ... an （接Ⅱ）*ich* zöge ... an, *du* zögest ... an, *er* zöge ...an, *wir* zögen ... an, *ihr* zöget ... an, *sie* zögen ... an, *Sie* zögen ... an （命令形）Zieh[e] ... an!, Zieht ... an!, Ziehen Sie ... an!
（現在完了）haben/sein ... angezogen （過去完了）hatte/war ... angezogen

[解答] 分離動詞

(未来)werden ... anziehen (未来完了)werden ... angezogen haben/sein
(動作受動)werden ... angezogen (状態受動)sein ... angezogen
(接Ⅰ過去)habe/sei ... angezogen (接Ⅱ過去)hätte/wäre ... angezogen

aufstehen▶(過去基本形)stand ... auf (過去分詞)aufgestanden (zu不定詞)aufzustehen (現在分詞)aufstehend
(現在)*ich* stehe ... auf, *du* stehst ... auf, *er* steht ... auf, *wir* stehen ... auf, *ihr* steht ... auf, *sie* stehen ... auf, *Sie* stehen ... auf (過去)*ich* stand ... auf, *du* stand[e]st ... auf, *er* stand ... auf, *wir* standen ... auf, *ihr* standet ... auf, *sie* standen ... auf, *Sie* standen ... auf (接Ⅰ)*ich* stehe ... auf, *du* stehest ... auf, *er* stehe ... auf, *wir* stehen ... auf, *ihr* stehet ... auf, *sie* stehen ... auf, *Sie* stehen ... auf (接Ⅱ)*ich* stünde/stände ... auf, *du* stündest/ständest ... auf, *er* stünde/stände ... auf, *wir* stünden/ständen ... auf, *ihr* stündet/ständet ... auf, *sie* stünden/ständen ... auf, *Sie* stünden/ständen ... auf
(命令形)Steh[e] ... auf!, Steht ... auf!, Stehen Sie ... auf!
(現在完了)sein/haben ... aufgestanden (過去完了)war/hatte ... aufgestanden
(未来)werden ... aufstehen (未来完了)werden ... aufgestanden sein/haben
(動作受動)werden ... aufgestanden
(接Ⅰ過去)sei/habe ... aufgestanden (接Ⅱ過去)wäre/hätte ... aufgestanden

aussteigen▶(過去基本形)stieg ... aus (過去分詞)ausgestiegen (zu不定詞)auszusteigen (現在分詞)aussteigend
(現在)*ich* steige ... aus, *du* steigst ... aus, *er* steigt ... aus, *wir* steigen ... aus, *ihr* steigt ... aus, *sie* steigen ... aus, *Sie* steigen ... aus (過去)*ich* stieg ... aus, *du* stieg[e]st ... aus, *er* stieg ... aus, *wir* stiegen ... aus, *ihr* stiegt ... aus, *sie* stiegen ... aus, *Sie* stiegen ... aus (接Ⅰ)*ich* steige ... aus, *du* steigest ... aus, *er* steige ... aus, *wir* steigen ... aus, *ihr* steiget ... aus, *sie* steigen ... aus, *Sie* steigen ... aus (接Ⅱ)*ich* stiege ... aus, *du* stiegest ... aus, *er* stiege ... aus, *wir* stiegen ... aus, *ihr* stieget ... aus, *sie* stiegen ... aus, *Sie* stiegen ... aus
(命令形)Steig[e] ... aus!, Steigt ... aus!, Steigen Sie ... aus!
(現在完了)sein ... ausgestiegen (過去完了)war ... ausgestiegen (未来)werden ... aussteigen
(未来完了)werden ... ausgestiegen sein (動作受動)werden ... ausgestiegen
(接Ⅰ過去)sei ... ausgestiegen (接Ⅱ過去)wäre ... ausgestiegen

ausziehen▶(過去基本形)zog ... aus (過去分詞)ausgezogen (zu不定詞)auszuziehen (現在分詞)ausziehend
(現在)*ich* ziehe ... aus, *du* ziehst ... aus, *er* zieht ... aus, *wir* ziehen ... aus, *ihr* zieht ... aus, *sie* ziehen ... aus, *Sie* ziehen ... aus (過去)*ich* zog ... aus, *du* zog[e]st ... aus, *er* zog ... aus, *wir* zogen ... aus, *ihr* zogt ... aus, *sie* zogen ... aus, *Sie* zogen ... aus (接Ⅰ)*ich* ziehe ... aus, *du* ziehest ... aus, *er* ziehe ... aus, *wir* ziehen ... aus, *ihr* ziehet ... aus, *sie* ziehen ... aus, *Sie* ziehen ... aus (接Ⅱ)*ich* zöge ... aus, *du* zögest ... aus, *er* zöge ... aus, *wir* zögen ... aus, *ihr* zöget ... aus, *sie* zögen ... aus, *Sie* zögen ... aus
(命令形)Zieh[e] ... aus!, Zieht ... aus!, Ziehen Sie ... aus!
(現在完了)haben/sein ... ausgezogen (過去完了)hatte/war ... ausgezogen
(未来)werden ... ausziehen (未来完了)werden ... ausgezogen haben/sein
(動作受動)werden ... ausgezogen (状態受動)sein ... ausgezogen
(接Ⅰ過去)habe/sei ... ausgezogen (接Ⅱ過去)hätte/wäre ... ausgezogen

einladen▶(過去基本形)lud ... ein (過去分詞)eingeladen (zu不定詞)einzuladen (現在分詞)einladend
(現在)*ich* lade ... ein, *du* lädst ... ein, *er* lädt ... ein, *wir* laden ... ein, *ihr* ladet ... ein, *sie* laden ... ein, *Sie* laden ... ein (過去)*ich* lud ... ein, *du* lud[e]st ... ein, *er* lud ... ein, *wir* luden ... ein, *ihr* ludet ... ein, *sie* luden ... ein, *Sie* luden ... ein (接Ⅰ)*ich* lade ... ein,

du ladest ... ein, *er* lade ... ein, *wir* laden ... ein, *ihr* ladet ... ein, *sie* laden ... ein, *Sie* laden ... ein （接Ⅱ）*ich* lüde ... ein, *du* lüdest ... ein, *er* lüde ... ein, *wir* lüden ... ein, *ihr* lüdet ... ein, *sie* lüden ... ein, *Sie* lüden ... ein （命令形）Lad[e] ... ein!, Ladet ... ein!, Laden Sie ... ein!
（現在完了）haben ... eingeladen （過去完了）hatte ... eingeladen （未来）werden ... einladen
（未来完了）werden ... eingeladen haben （動作受動）werden ... eingeladen （状態受動）sein ... eingeladen
（接Ⅰ過去）habe ... eingeladen （接Ⅱ過去）hätte ... eingeladen

einsteigen▶（過去基本形）stieg ... ein （過去分詞）eingestiegen （zu不定詞）einzusteigen （現在分詞）einsteigend
（現在）*ich* steige ... ein, *du* steigst ... ein, *er* steigt ... ein, *wir* steigen ... ein, *ihr* steigt ... ein, *sie* steigen ... ein, *Sie* steigen ... ein （過去）*ich* stieg ... ein, *du* stieg[e]st ... ein, *er* stieg ... ein, *wir* stiegen ... ein, *ihr* stiegt ... ein, *sie* stiegen ... ein, *Sie* stiegen ... ein （接Ⅰ）*ich* steige ... ein, *du* steigest ... ein, *er* steige ... ein, *wir* steigen ... ein, *ihr* steiget ... ein, *sie* steigen ... ein, *Sie* steigen ... ein （接Ⅱ）*ich* stiege ... ein, *du* stiegest ... ein, *er* stiege ... ein, *wir* stiegen ... ein, *ihr* stieget ... ein, *sie* stiegen ... ein, *Sie* stiegen ... ein
（命令形）Steig[e] ... ein!, Steigt ... ein!, Steigen Sie ... ein!
（現在完了）sein ... eingestiegen （過去完了）war ... eingestiegen （未来）werden ... einsteigen
（未来完了）werden ... eingestiegen sein （動作受動）werden ... eingestiegen
（接Ⅰ過去）sei ... eingestiegen （接Ⅱ過去）wäre ... eingestiegen

fernsehen▶（過去基本形）sah ... fern （過去分詞）ferngesehen （zu不定詞）fernzusehen （現在分詞）fernsehend
（現在）*ich* sehe ... fern, *du* siehst ... fern, *er* sieht ... fern, *wir* sehen ... fern, *ihr* seht ... fern, *sie* sehen ... fern, *Sie* sehen ... fern （過去）*ich* sah ... fern, *du* sahst ... fern, *er* sah ... fern, *wir* sahen ... fern, *ihr* saht ... fern, *sie* sahen ... fern, *Sie* sahen ... fern （接Ⅰ）*ich* sehe ... fern, *du* sehest ... fern, *er* sehe ... fern, *wir* sehen ... fern, *ihr* sehet ... fern, *sie* sehen ... fern, *Sie* sehen ... fern （接Ⅱ）*ich* sähe ... fern, *du* sähest ... fern, *er* sähe ... fern, *wir* sähen ... fern, *ihr* sähet ... fern, *sie* sähen ... fern, *Sie* sähen ... fern
（命令形）Sieh[e] ... fern!, Seht ... fern!, Sehen Sie ... fern!
（現在完了）haben ... ferngesehen （過去完了）hatte ... ferngesehen （未来）werden ... fernsehen
（未来完了）werden ... ferngesehen haben （動作受動）werden ... ferngesehen
（接Ⅰ過去）habe ... ferngesehen （接Ⅱ過去）hätte ... ferngesehen

stattfinden▶（過去基本形）fand ... statt （過去分詞）stattgefunden （zu不定詞）stattzufinden （現在分詞）stattfindend
（現在）*er* findet ... statt, *sie* finden ... statt （過去）*er* fand ... statt, *sie* fanden ... statt
（接Ⅰ）*er* finde ... statt, *sie* finden ... statt （接Ⅱ）*er* fände ... statt, *sie* fänden ... statt
（現在完了）haben ... stattgefunden （過去完了）hatte ... stattgefunden
（未来）werden ... stattfinden （未来完了）werden ... stattgefunden haben
（接Ⅰ過去）habe ... stattgefunden （接Ⅱ過去）hätte ... stattgefunden

teilnehmen▶（過去基本形）nahm ... teil （過去分詞）teilgenommen （zu不定詞）teilzunehmen （現在分詞）teilnehmend
（現在）*ich* nehme ... teil, *du* nimmst ... teil, *er* nimmt ... teil, *wir* nehmen ... teil, *ihr* nehmt ... teil, *sie* nehmen ... teil, *Sie* nehmen ... teil （過去）*ich* nahm ... teil, *du* nahmst ... teil, *er* nahm ... teil, *wir* nahmen ... teil, *ihr* nahmt ... teil, *sie* nahmen ... teil, *Sie* nahmen ... teil （接Ⅰ）*ich* nehme ... teil, *du* nehmest ... teil, *er* nehme ... teil, *wir* nehmen ... teil, *ihr* nehmet ... teil, *sie* nehmen ... teil, *Sie* nehmen ... teil （接Ⅱ）*ich* nähme ... teil, *du* nähmest ... teil, *er* nähme ... teil, *wir* nähmen ... teil, *ihr* nähmet ... teil, *sie* nähmen ... teil, *Sie* nähmen ... teil （命令形）Nimm ... teil!, Nehmt ... teil!, Nehmen Sie ... teil!

(現在完了)haben ... teilgenommen (過去完了)hatte ... teilgenommen (未来)werden ... teilnehmen
(未来完了)werden ... teilgenommen haben (動作受動)werden ... teilgenommen
(接Ⅰ過去)habe ... teilgenommen (接Ⅱ過去)hätte ... teilgenommen

vorstellen▶(過去基本形)stellte ... vor (過去分詞)vorgestellt (zu不定詞)vorzustellen (現在分詞)vorstellend
(現在)ich stelle ... vor, du stellst ... vor, er stellt ... vor, wir stellen ... vor, ihr stellt ... vor, sie stellen ... vor, Sie stellen ... vor (過去)ich stellte ... vor, du stelltest ... vor, er stellte ... vor, wir stellten ... vor, ihr stelltet ... vor, sie stellten ... vor, Sie stellten ... vor (接Ⅰ) ich stelle ... vor, du stellest ... vor, er stelle ... vor, wir stellen ... vor, ihr stellet ... vor, sie stellen ... vor, Sie stellen ... vor (接Ⅱ)ich stellte ... vor, du stelltest ... vor, er stellte ... vor, wir stellten ... vor, ihr stelltet ... vor, sie stellten ... vor, Sie stellten ... vor
(命令形)Stell[e] ... vor!, Stellt ... vor!, Stellen Sie ... vor!
(現在完了)haben ... vorgestellt (過去完了)hatte ... vorgestellt (未来)werden ... vorstellen
(未来完了)werden ... vorgestellt haben (動作受動)werden ... vorgestellt (状態受動)sein ... vorgestellt
(接Ⅰ過去)habe ... vorgestellt (接Ⅱ過去)hätte ... vorgestellt

zuhören▶(過去基本形)hörte ... zu (過去分詞)zugehört (zu不定詞)zuzuhören (現在分詞)zuhörend
(現在)ich höre ... zu, du hörst ... zu, er hört ... zu, wir hören ... zu, ihr hört ... zu, sie hören ... zu, Sie hören ... zu (過去)ich hörte ... zu, du hörtest ... zu, er hörte ... zu, wir hörten ... zu, ihr hörtet ... zu, sie hörten ... zu, Sie hörten ... zu (接Ⅰ)ich höre ... zu, du hörest ... zu, er höre ... zu, wir hören ... zu, ihr höret ... zu, sie hören ... zu, Sie hören ... zu (接Ⅱ) ich hörte ... zu, du hörtest ... zu, er hörte ... zu, wir hörten ... zu, ihr hörtet ... zu, sie hörten ... zu, Sie hörten ... zu (命令形)Hör[e] ... zu!, Hört ... zu!, Hören Sie ... zu!
(現在完了)haben ... zugehört (過去完了)hatte ... zugehört
(未来)werden ... zuhören (未来完了)werden ... zugehört haben
(動作受動)werden ... zugehört
(接Ⅰ過去)habe ... zugehört (接Ⅱ過去)hätte ... zugehört

zumachen▶(過去基本形)machte ... zu (zu不定詞)zugemacht (zu不定詞)zuzumachen (現在分詞)zumachend
(現在)ich mache ... zu, du machst ... zu, er macht ... zu, wir machen ... zu, ihr macht ... zu, sie machen ... zu, Sie machen ... zu (過去)ich machte ... zu, du machtest ... zu, er machte ... zu, wir machten ... zu, ihr machtet ... zu, sie machten ... zu, Sie machten ... zu (接Ⅰ)ich mache ... zu, du machest ... zu, er mache ... zu, wir machen ... zu, ihr machet ... zu, sie machen ... zu, Sie machen ... zu (接Ⅱ)ich machte ... zu, du machtest ... zu, er machte ... zu, wir machten ... zu, ihr machtet ... zu, sie machten ... zu, Sie machten ... zu
(命令形)Mach[e] ... zu!, Macht ... zu!, Machen Sie ... zu!
(現在完了)haben ... zugemacht (過去完了)hatte ... zugemacht (未来)werden ... zumachen
(未来完了)werden ... zugemacht haben (動作受動)werden ... zugemacht
(状態受動)sein ... zugemacht (接Ⅰ過去)habe ... zugemacht (接Ⅱ過去)hätte ... zugemacht

dürfen▶(過去基本形)durfte (過去分詞)gedurft/dürfen (zu不定詞)zu dürfen (現在分詞)dürfend
(現在)ich darf, du darfst, er darf, wir dürfen, ihr dürft, sie dürfen, Sie dürfen
(過去)ich durfte, du durftest, er durfte, wir durften, ihr durftet, sie durften, Sie durften
(接Ⅰ)ich dürfe, du dürfest, er dürfe, wir dürfen, ihr dürfet, sie dürfen, Sie dürfen
(接Ⅱ)ich dürfte, du dürftest, er dürfte, wir dürften, ihr dürftet, sie dürften, Sie dürften
(現在完了)haben ... gedurft/dürfen (過去完了)hatte ... gedurft/dürfen

（未来）werden ... dürfen （未来完了）werden ... gedurft/dürfen haben
（接Ⅰ過去）habe ... gedurft/dürfen （接Ⅱ過去）hätte ... gedurft/dürfen

können▶（過去基本形）konnte （過去分詞）gekonnt/können （zu不定詞）zu können （現在分詞）könnend
（現在）ich kann, du kannst, er kann, wir können, ihr könnt, sie können, Sie können
（過去）ich konnte, du konntest, er konnte, wir konnten, ihr konntet, sie konnten, Sie konnten （接Ⅰ）ich könne, du könnest, er könne, wir können, ihr könnet, sie können, Sie können （接Ⅱ）ich könnte, du könntest, er könnte, wir könnten, ihr könntet, sie könnten, Sie könnten （現在完了）haben ... gekonnt/können （過去完了）hatte ... gekonnt/können
（未来）werden ... können （未来完了）werden ... gekonnt/können haben
（接Ⅰ過去）habe ... gekonnt/können （接Ⅱ過去）hätte ... gekonnt/können

mögen▶（過去基本形）mochte （過去分詞）gemocht/mögen （zu不定詞）zu mögen （現在分詞）mögend
（現在）ich mag, du magst, er mag, wir mögen, ihr mögt, sie mögen, Sie mögen
（過去）ich mochte, du mochtest, er mochte, wir mochten, ihr mochtet, sie mochten, Sie mochten （接Ⅰ）ich möge, du mögest, er möge, wir mögen, ihr möget, sie mögen, Sie mögen （接Ⅱ）ich möchte, du möchtest, er möchte, wir möchten, ihr möchtet, sie möchten, Sie möchten
（現在完了）haben ... gemocht/mögen （過去完了）hatte ... gemocht/mögen
（未来）werden ... mögen（未来完了）werden ... gemocht/mögen haben
（動作受動）werden ... gemocht
（接Ⅰ過去）habe ... gemocht/mögen （接Ⅱ過去）hätte ... gemocht/mögen

müssen▶（過去基本形）musste （過去分詞）gemusst/müssen （zu不定詞）zu müssen （現在分詞）müssend
（現在）ich muss, du musst, er muss, wir müssen, ihr müsst, sie müssen, Sie müssen
（過去）ich musste, du musstest, er musste, wir mussten, ihr musstet, sie mussten, Sie mussten （接Ⅰ）ich müsse, du müssest, er müsse, wir müssen, ihr müsset, sie müssen, Sie müssen （接Ⅱ）ich müsste, du müsstest, er müsste, wir müssten, ihr müsstet, sie müssten, Sie müssten
（現在完了）haben ... gemusst/müssen （過去完了）hatte ... gemusst/müssen
（未来）werden ... müssen （未来完了）werden ... gemusst/müssen haben
（接Ⅰ過去）habe ... gemusst/müssen （接Ⅱ過去）hätte ... gemusst/müssen

sollen▶（過去基本形）sollte （過去分詞）gesollt/sollen （zu不定詞）zu sollen （現在分詞）sollend
（現在）ich soll, du sollst, er soll, wir sollen, ihr sollt, sie sollen, Sie sollen
（過去）ich sollte, du solltest, er sollte, wir sollten, ihr solltet, sie sollten, Sie sollten
（接Ⅰ）ich solle, du sollest, er solle, wir sollen, ihr sollet, sie sollen, Sie sollen
（接Ⅱ）ich sollte, du solltest, er sollte, wir sollten, ihr solltet, sie sollten, Sie sollten
（現在完了）haben ... gesollt/sollen （過去完了）hatte ... gesollt/sollen
（未来）werden ... sollen （未来完了）werden ... gesollt/sollen haben
（接Ⅰ過去）habe ... gesollt/sollen （接Ⅱ過去）hätte ... gesollt/sollen

wollen▶（過去基本形）wollte （過去分詞）gewollt/wollen （zu不定詞）zu wollen （現在分詞）wollend
（現在）ich will, du willst, er will, wir wollen, ihr wollt, sie wollen, Sie wollen
（過去）ich wollte, du wolltest, er wollte, wir wollten, ihr wolltet, sie wollten, Sie wollten
（接Ⅰ）ich wolle, du wollest, er wolle, wir wollen, ihr wollet, sie wollen, Sie wolle
（接Ⅱ）ich wollte, du wolltest, er wollte, wir wollten, ihr wolltet, sie wollten, Sie wollten
（命令形）Wolle!, Wollt!, Wollen Sie!
（現在完了）haben ... gewollt/wollen （過去完了）hatte ... gewollt/wollen
（未来）werden ... wollen （未来完了）werden ... gewollt/wollen haben （動作受動）werden ... gewollt
（状態受動）sein ... gewollt （接Ⅰ過去）habe ... gewollt/wollen （接Ⅱ過去）hätte ... gewollt/wollen

著者紹介
櫻井麻美（さくらい・まみ）
東京外国語大学ドイツ語学科卒業、東京大学大学院（独語独文学専攻）修了。現在、東京外国語大学、中央大学ほか講師。ドイツ語の方言を中心に研究している。

書き込み式　ドイツ語動詞活用ドリル

2015 年 5 月 25 日　印刷
2015 年 6 月 15 日　発行

著者 © 櫻 井 麻 美
発行者　及 川 直 志
印刷所　株式会社精興社

101-0052 東京都千代田区神田小川町 3 の 24
発行所　電話 03-3291-7811（営業部），7821（編集部）　株式会社　白水社
http://www.hakusuisha.co.jp
乱丁・落丁本は送料小社負担にてお取り替えいたします。

振替 00190-5-33228　　　Printed in Japan　　　加瀬製本

ISBN978-4-560-08695-7

▷本書のスキャン、デジタル化等の無断複製は著作権法上での例外を除き禁じられています。本書を代行業者等の第三者に依頼してスキャンやデジタル化することはたとえ個人や家庭内での利用であっても著作権法上認められていません。